Master Key

蠻荒境域，
　　由發現通向文明。

閉鎖心門，
　　自曙光終結幽黯。

法律的事，
　　經永然文化的Master key
　　開啟峰迴之路。

法律防身系列 ► 24

家族傳承與繼承權益司法實務

遺囑訂立．遺產分割．借名登記．長照安養

李永然律師、李廷鈞地政士 ★ 合著

推薦序 1

　　曾在網路上看到一段笑話：「人在天堂，錢在銀行，情人在教堂，子女在公堂。」雖說有些幽默和諷刺，但卻也真實道出若無做好身後財產規劃的窘境。隨著經濟發展和人民財富的累積，繼承問題日益複雜。在這個快速變遷的時代，財產繼承已不再是單純的法律問題，而是涉及家庭和諧、企業傳承乃至於社會公益的重大課題。

　　古人常言：「富不過三代」。家族傳承不僅是財產的分配，更是家族文化和價值的延續。如何將家族的財富與智慧有效地傳遞給下一代，是每一位家族成員都應該重視的問題。透過預立遺囑、合理分配財產，可以有效避免爭議，保護家庭和諧，進而確保企業穩定發展。

　　本書不僅是一部法律指南，更是關於家族傳承的智慧結晶。從如何規劃遺產，到運用遺囑、信託等工具進行財富傳承，書中提供的法律知識和實務操作，通過簡單易懂的案例和法律建議，幫助讀者在面對家族財產傳承時，做到心中有數，避免常見誤區。這些智慧不僅是對法律的尊重，也是對未來的責任。

　　永然兄的事業成就與法學素養有目共睹，為人謙遜，長期致力於平民法律教育和公益事業。佛學素養亦極其深厚，秉持冤家宜解不宜結的精神，堅持做對的事。儘管執業過程中有時需進行訴訟，但他始終秉持「和解比勝訴更重要」的理念行事

。 其子李廷鈞地政士，以法律為背景執行地政業務，秉持「細心、認真、完善」的做事原則，來處理不動產相關的疑難雜症。感謝永然兄和廷鈞世侄對本書的努力與貢獻，兩位不僅是法律及不動產專家，亦是社會的良師益友。希望本書能成為大家在規劃財產繼承過程中的方針，幫助大家走向理性與和諧的財產傳承之路。

和泰興業董事長

蘇一仲

推薦序 2

為世代傳承的穩定和諧做出妥善的規劃

「家和萬事興」，是幸福人生的圓滿目標，如果能夠做到「家和代代傳」，更是家族傳承的極致表現。家族傳承是社會穩定與個人財富管理的重要課題，無論是企業經營者、資產持有者，以至於一般家庭，如何妥善規劃財產繼承，確保世代間的順利交接，並兼顧公平與法律保障，都是每位繼承人及家族成員無法忽視的問題。然而，現代社會繼承的情況，往往比想像中更加複雜，不僅涉及親屬關係與財產分配，還需面對遺囑訂立、遺囑信託、遺產稅申報、借名登記、長照安養……等諸多法律與財務議題，值得我們特別注意和關切。

李永然大律師以豐富和專業的實務經驗，針對這些關鍵問題，從法律與實務的角度，提供詳盡的解析與指引。書中涵蓋繼承法律權益的核心概念，並探討「遺囑」與「遺囑信託」的不同運用方式，進一步解析借名登記的法律風險與司法實務發展，還有遺產稅的申報策略及節稅規劃。除此之外，更將高齡社會日益受到關注的長照安養議題，提供了相關法律規劃建議，以確保高齡家族成員的照護需求，得到順利妥善的執行。

在家族繼承與法律權益等關係而言，特別提到在傳統社會中，財產的繼承往往依循家族內部的習慣或長輩的口頭遺願來執行。然而，在現代法治國家，財產分配必須符合法律規範，

以確保每位繼承人的權益。根據《民法》繼承編的規定，繼承權的行使涉及法定繼承順位、特留分保障、繼承人拋棄繼承等問題。這些規則不僅影響家族成員的財產權益，也可能成為未來爭議的核心。本書透過實例與司法判決分析，幫助讀者理解如何在法律框架內妥善安排家族財產，以避免不必要的糾紛。

在遺囑訂立與遺囑信託方面，提到遺囑是一種確保財產依照個人意願傳承的法律工具，但若遺囑未符合法定要件，或內容有瑕疵，極可能引發繼承的爭議。書中詳細介紹各種遺囑的法定方式，包括自書遺囑、公證遺囑、代筆遺囑、密封遺囑、口授遺囑等，並解析常見的法律爭議點，如遺囑效力、遺囑變更與撤回、遺產執行等。此外，近年來遺囑信託成為高資產族群的重要財產傳承工具，本書亦提供完整的案例與法律見解，幫助讀者理解如何利用信託機制，確保財產在不同世代間順利交接，並達到特定的管理與分配目的。

至於以借名登記法律實務來說，「借名登記」是台灣財產管理與繼承規劃中常見的現象，無論是因為稅務考量、投資安排，或是企業經營上的策略性操作，許多不動產或公司股份都可能涉及借名登記。然而，「借名登記」往往伴隨法律風險，例如：登記名義人主張財產所有權、名義與實際所有人發生糾紛、甚至衍生贈與稅與遺產稅的問題。本書透過司法案例，探討法院對於借名登記案件的見解與判決趨勢，讓讀者理解如何透過合法方式進行財產規劃，以避免不必要的法律糾紛與風險。

對於遺產稅申報與節稅實務而言，遺產稅的申報與節稅策

略,是財富傳承相當重要的環節。許多人在繼承財產時,往往忽略了遺產稅的影響,導致稅負增加,甚至因資金調度不當,而影響繼承計畫。本書透過稅法解析與實務操作,介紹如何合法地運用贈與、信託、保險等工具進行節稅規劃,並針對不同資產類型(如不動產、股票、現金、企業股份等)提供具體的申報與節稅策略,幫助家族成員在遵守法律規範的前提下,降低稅負影響,確保財產順利傳承。

而對於日益受到重視的長照安養與法律保障,在人口高齡化的趨勢下,「長照」與「安養」問題已經成為財產規劃中不可忽視的議題。許多家庭在處理繼承時,往往會面臨長輩的醫療照護、安養費用安排、失智症照護等問題,這些議題如果沒有事先妥善的規劃,極可能成為影響財產分配,甚至導致家族內部爭端的複雜情境。本書針對長照機構選擇、財務規劃、監護宣告與輔助宣告制度等方面,提供詳盡的法律與實務建議,幫助家族成員提前做好準備,確保長者的福祉與財務安全。

最重要的在繼承司法實務解析方面,由於繼承案件在司法實務上層出不窮,從遺囑效力的爭議、繼承順位的糾紛、遺產分割的訴訟,到遺產管理人的權責,都涉及複雜的法律適用問題。李永然大律師透過實務判決的整理與案例分析,幫助讀者瞭解法院在處理繼承案件時的判斷標準,並提供應對訴訟的策略與建議,讓讀者能夠在法律框架下,保障自身與家族成員的最佳權益。

家族傳承不僅關乎財富的延續,更涉及情感、責任與法律保障。本書透過深入淺出的分析,結合理論與實務,為讀者提

供全面的家族繼承與司法實務指引。無論是正在進行財產規劃的個人、家族企業經營者，還是關心繼承法律問題的法律專業人士，本書都將是一本值得參考的實用指南。希望透過本書，能夠幫助更多家庭順利完成財富與責任的傳承，確保世代交替的穩定與和諧。

　　本人與李永然大律師相識三十年，對於李大律師的為人處事的風範，以及專業的素養與敬業的熱忱，深感佩服。本書由其本人及其子永然地政士聯合事務所李廷鈞地政士共同完成，透過本書出版嘉惠廣大讀者對「世代傳承的穩定和諧做出妥善的規劃」，從「家和萬事興」進階到「家和代代傳」的境界。能夠作序為本書推薦，至感榮幸！

台北企業經理協進會名譽理事長

石賜亮

自序

　　我執行律師業務四十年餘載的歲月，處理過的法律案件類型廣泛，也經常接觸繼承相關的法律事宜。現今財產繼承的複雜程度跟我當年剛執業那時相當不同，當時台灣社會和經濟普遍不富裕，環境也比較純樸，與今日相較之下，財產問題處理起來較為單純。

　　台灣已邁入21世紀，人與人之間的往來已不如從前那般親暱，人際關係變得疏離，人的想法多變，親情淡薄了不少。近年來，台灣企業家們的家族爭產消息層出不窮，諸如此類的糾紛時常能在報章媒體上看到，由此可知，提前做好財產規劃分配是非常重要的！完善規劃身後遺產，尤其要做好企業的經營權分配，預立「遺囑」並進行遺囑信託，做好成功的財產分配，以杜絕子女將來的紛爭。前車之鑑，須謹記在心，漫長的繼承糾紛只要我們提前規劃，就能做到有效的預防！

　　當今國際化的結果，全球皆能互通有無，財產已不再僅侷限於一地，世界各地皆能置產，財產繼承的問題因而變得更加複雜。而人口結構快速趨向高齡化是未來的趨勢，隨之而來的，是高齡者、失能者的經濟及財產支配的問題，長照安養也越來越重要。面臨老年生活的來臨，如何在照顧好自己與規劃家族傳承間取得平衡，也考驗著許許多多人的智慧。尤其是坊間行之多年的「不動產借名登記」方式，在移轉財產同時，如何保護好財產歸屬權，不致在日後出現差池，導致家產旁落，

都是讀者不可忽略的課題。

　　這些年，我應各單位邀請，如台北市地政士公會、花蓮地政士公會、台灣房屋集團、中華知識經濟協會、台北市美好人生協會、住商房屋天母店……等，我主講了很多跟「繼承」、「家族傳承」有關的題目，這也代表著台灣民眾對於繼承的主題有很大的興趣，這驅使我決定出版這本書，讓大家能對繼承相關的事務更加瞭解熟悉！本書與永然地政士聯合事務所李廷鈞地政士一起合作完成，書名為《家族傳承與繼承權益司法實務──遺囑訂立・遺產分割・借名登記・長照安養》。本書分為六大篇：家族傳承與繼承法律權益、遺囑訂立與遺囑信託、借名登記法律實務、遺產稅申報與節稅實務、意定監護與長照安養、繼承相關司法實務，內容涵蓋家族傳承與繼承常見的問題。期望這本書能幫助讀者在遇到繼承相關事務時能夠參考予以運用，進一步讓問題得以順利解決。另一方面也可以讓大家思索一下未來該如何預防相關的繼承爭議，以杜絕不必要的糾紛。尚祈各位讀者能從本書中收穫良多，圓滿處理一生的財產！最後則要感謝友人蘇一仲董事長及石賜亮名譽理事長賜序鼓勵，並謝謝友人蕭明峰先生協助校對！

永然聯合法律事務所所長兼
永然家族傳承法律事務中心創辦人
李永然律師

目錄

推薦序₁／蘇一仲董事長..5

推薦序₂——為世代傳承的穩定和諧做出妥善的規劃
　／石賜亮名譽理事長..7

自序／李永然律師..11

第一篇　家族傳承與繼承法律權益

企業家規劃身後遺產，應注意哪些法律問題？
　／李永然律師..20

進行家族傳承時，有哪些可運用的工具？／李永然律師....24

運用「保險」進行財富傳承時，應有的法律認識！
　／李永然律師..28

哪些保險金額不計入遺產總額？／李永然律師..............32

從法律觀點，談繼承權益／李永然律師........................34

繼承人於何種情形下，會喪失繼承權？／李永然律師......51

繼承人如何為限定繼承？／李永然律師........................55

被繼承人之債權人可以對遺產管理人行使何權利？
　／李永然律師..58

遺產的繼承與分割／李廷鈞地政士................................62

繼承人分割遺產的法律須知／李永然律師....................65

　● 協議分割書..66

繼承人如何處理不動產？／李永然律師........................70

繼承人共同繼承不動產該如何處理？／李永然律師..............73
繼承農業用地，有何應特別注意事項？／李永然律師..........77

第二篇　遺囑訂立與遺囑信託

「遺囑」也是做好家族傳承的工具之一／李永然律師........82
遺囑的方式／李廷鈞地政士...87
　● 代筆遺囑 1 91
　● 代筆遺囑 2 92
企業家對生前預立遺囑應有認識／李永然律師..................95
運用遺囑進行信託的法律須知／李永然律師......................99
成立遺囑信託，要課徵遺產稅嗎？／李永然律師.............103

第三篇　借名登記法律實務

對於不動產借名登記應有的法律認識／李永然律師..........108
不動產借名登記及其紛爭的解析／李永然律師..................112
成立不動產借名登記及終止借名要求返還時，應注意的法律要點／李永然律師..116
　● 借名契約 1 116
　● 借名契約 2 119
借名登記之不動產回復予借名人的移轉登記
　／李廷鈞地政士..122
不動產預告登記是什麼？如何運用「預告登記」保障權益？／李廷鈞地政士...125

第四篇　遺產稅申報與節稅實務

誰是遺產稅納稅義務人？遺產稅申報期限、申報地及所需
文件為何？／李廷鈞地政士 *130*

遺產稅課徵範圍為何？其財產價值如何計算？
　　／李廷鈞地政士 *133*

什麼是「擬制遺產」（視同遺產）？／李廷鈞地政士 *135*

什麼是遺產稅的免稅額及扣除額？／李廷鈞地政士 *137*

哪些項目可以從遺產總額中扣除而免徵遺產稅？
　　／李永然律師 *139*

被繼承人生前所負債務，可否自遺產總額中扣除？
　　／李永然律師 *145*

不計入遺產總額的項目有哪些？／李永然律師 *148*

何謂「再轉繼承」？遺產稅申報時有何優惠？
　　／李廷鈞地政士 *152*

採用何種夫妻財產制與遺產稅節稅之間，是否有關聯？
　　／李永然律師 *154*

繼承遺產法定財產制的配偶行使剩餘財產差額分配請求權
的應注意事項／李廷鈞地政士 *157*

第五篇　意定監護與長照安養

民眾對監護宣告與意定監護的法律認識／李永然律師 *164*
　●家事聲請狀（聲請監護宣告） *166*
　●意定監護契約參考範本 *169*

民眾對於「以房養老」的法律須知／李永然律師 176
善用「老人照顧服務」的法律須知／李永然律師 179
民眾對「長照服務人員」的法律認識／李永然律師 183
民眾對「病人自主權利」的法律須知／李永然律師 186
　● 進行預立醫療照護諮商圖 188
　● 預立醫療決定書（摘錄） 189

第六篇　繼承相關司法實務

繼承家事事件有哪些？／李永然律師 196
繼承家事事件如何進行訴訟？／李永然律師 202
繼承家事非訟事件㈠──陳報遺產清冊與拋棄繼承
　／李永然律師 231
　● 繼承人陳報遺產清冊及清算流程 232
繼承家事非訟事件㈡──選任遺產管理人及指定遺囑執行
人／李永然律師 241
　● 遺產管理人事件流程圖 243

第七篇　附錄

《民法》繼承編 258
《民法繼承編施行法》 271
參考書目 274

第一篇

家族傳承與繼承法律權益

企業家規劃身後遺產，應注意哪些法律問題？

李永然律師

「錢」是人類最偉大的發明之一，自古以來，「金錢」的誘惑力及影響力可以說是無人能擋、無遠弗屆。常人道：「人為財死，鳥為食亡」，足見金錢的誘惑力。

企業家打拼事業固有其人生的志向與理想，但其中也涉及「金錢的累積」；一位成功的企業家到了晚年時，大皆累積了相當多的財富，甚至富可敵國。

一位企業家到了老年因累積相當多的財富，如何處理身後遺產，則成為一樁大事。企業家事前如規劃得好，則樹立身後良好形象、子孫和諧相處、事業後繼有人；事前如未有良好的規劃，則子孫同室操戈，上法庭打官司，引起社會側目或事業迅速崩解，錢財散盡，子孫身敗名裂。基於過往諸多古今中外案例殷殷可鑒，因而使處理身後遺產的規劃已成為企業家的一大「煩惱」。

筆者自民國68年執業迄今已四十餘載，所接觸為處理身後財產之當事人的案件相當多；受任處理後代子孫為了財產繼承，相持不下的官司，甚至還衍生刑事官司者也所在多有；筆者擬藉本文提醒企業家規劃遺產時，應注意相關的法律規定，俾免日後為繼承人或受遺贈人埋下未來訴訟爭執的種子。

一、宜先考慮是否留部分財產做公益

佛家言：「萬般帶不走，唯有業隨身」，我們拼搏一生，也帶不走一磚一瓦，一個人因對待「生命」的看法不同，則處理財產的規劃也會不同。如果相信「人有來世，三世因果」，則一個人應利用有生之年，把自己所賺的金錢透過自己的手或所規劃的想法「布施」出去，為自己及後代子孫廣植福田，並樹立家族在社會中的良好形象。反之，有些人認為金錢既然是自己或家人共同努力所掙得，自應將之留在家中代代相傳。如屬前者，則應利用生前成立「公益信託」或「財團法人」（基金會）從事公益；或利用「遺囑」，將部分遺產「捐贈」從事公益。

二、務必運用「遺囑」規劃遺產

不論是否在生前做公益，企業家如想讓自己的遺產按自己的意志去處置，則應訂立一份「有效的遺囑」。

由於「遺囑」是「要式行為」，立遺囑人一定要注意遺囑的方式（如：自書、代筆、公證、密封、口授），務必使其方式、內容合乎法律的規定，同時應周延、明確，方能避免無謂的爭議。過去常見之爭議，如：遺囑不符法定方式、遺囑是否偽造、遺囑對遺產的分配侵害「特留分」（註1）。

> 立遺囑時，一定要愼愼規劃安排，
> 並請有經驗的法律專業協助，
> 這樣才可避免發生爭議。

三、可以考慮運用遺囑信託

企業家運用遺囑處理身後遺產，固應注意前述問題，筆者特別要介紹「遺囑信託」，其係指委託人以立「遺囑」的方式，爲「受益人的利益」或「公共利益」，使受託人管理、處分信託財產（註2）。透過此種方式，其好處甚多，如：保護資產、避免子女浪費財產或惹禍上身、鼓勵子女奮發努力並貫徹父母意願、立遺囑人較能按自己意志處分財產……等（註3）。

四、指定遺囑執行人

企業家運用先前立遺囑方式規劃身後遺產時，還可以考慮同時指定「遺囑執行人」。我國《民法》第1209條第1項規定：「遺囑人得以遺囑指定遺囑執行人……」，遺囑執行人有管理遺產，並爲執行上必要行爲之職務（《民法》第1215條第1項），這樣也有助於遺囑內容的實現。

五、結語

綜上所述，企業家一生努力打拼，累積了財富，相信也關心後代子孫，應透過「智慧」的決定，生前就妥善規劃身後的財產，使財產發揮效益，子孫和睦、企業永續，並樹立良好風

範,切勿因遺產分配不均,子女爭訟,破壞家庭團結及生前形象。

註1:特留分乃指繼承開始時,應保留於繼承人之遺產的一部分而言。

註2:許高山著:信託DIY,頁33,民國89年11月初版,永然文化出版股份有限公司出版。

註3:莊昆明著:兩代財產移轉輕稅化——信託應用要訣篇,頁20～21,民國91年3月10日,龍鳳凰國際開發股份有限公司出版發行。

進行家族傳承時,有哪些可運用的工具?

李永然律師

一、家族傳承日益受重視

華人社會常說:「富不過三代」,然隨著國人知識水準日益提高,希望能透過事前規劃,好讓富能過三代;「家族傳承」的議題也因而漸受重視。關於家族傳承的議題,一方面涉及財富傳承(資產傳承)、企業傳承,另一方面,在規劃此議題時,也盼望能使家族永續或被繼承人往生後,其後代子孫不要禍起蕭牆。

進行傳承需要運用的相關法律工具,並透過專家事前協助規劃。家族傳承工具,如:信託、控股公司、閉鎖性公司、遺囑、家族辦公室、家族憲章(家族憲法)等。

二、信託

首先談到「信託」,我國於民國85年1月26日總統公布《信託法》,該法自同年月28日起生效。而在未有《信託法》公布施行之前,國人常運用「借名契約」;「借名契約」是「無名契約」,欠缺制度化的規定,導致紛爭不少。如果進行家族傳承,還是以運用「信託」為宜;進行信託時,要瞭解「私益信託」、「公益信託」、「自益信託」、「他益信託」、「家

族信託」等區別，並應注意相關的「稅務」。

三、成立控股公司或閉鎖性公司

其次，以企業家而言，常設立「公司」，而這些公司往往也擁有不少有價值的資產，為了使這些公司的利益不致遭到外人覬覦起見，可以考慮運用《公司法》，將「股份有限公司」透過「章程」的修訂，使之成為「閉鎖性公司」，利用「章程」規定股東轉讓股票的條件，確保「家族」能掌握公司；甚至也可以用「書面契約」約定共同行使股東表決權的方式或另成立「股東表決權信託」（《公司法》第356條之9）或另外成立「控股公司」進行公司股權的控制。

四、遺囑

目前國人對於生前預立「遺囑」的觀念已經愈來愈能接受；想運用遺囑者不要誤以為拿張「紙」，自己親自書寫就可以，因為遺囑是「法律行為」，受《民法》繼承編相關規定規範，且是「要式行為」，必須具備「法定方式」（《民法》第1190條～第1195條），有「自書」、「代筆」、「密封」、「公證」及「口授」遺囑之分；倘違反法定方式，則遺囑構成「無效」（《民法》第73條）。又「遺囑」之所以可以做為家族傳承規劃的法律工具，主要是立遺囑人可以在遺囑中交代相關問題，例如：

㈠可以於遺囑內訂立「遺產的分割方法」或委託他人代為定出遺產的分割方法；

㈡可以禁止一定期限內不得分割；

㈢可以於遺囑內「認領」其「非婚生子女」；

㈣可以對法定繼承人以外的第三人為「遺贈」；

㈤可以於遺囑內指定遺囑執行人或委託他人指定；

㈥其他。

由於涉及不少複雜內容，故筆者建議最好能找「有經驗的專業律師」協助為宜。

五、家族辦公室（Family office）

又家族傳承中，有來自西方先進國家的「家族辦公室」。「家族辦公室」之所以有不少國外家族企業用來執行家族傳承，乃因它可以扮演好家族機構化角色的平台，協助家族企業有系統地處理對家族企業的控制、財富管理、接班人培育計畫、企業的傳承治理等（註1）。新加坡政府近年來積極推動「家族辦公室計畫」，透過提供「稅務優惠」及「移民資格」吸引國際投資人至新加坡設立「家族辦公室」（註2）；我國不妨參考新加坡政府的作法，俾利國人的財富管理及傳承。

六、家族憲法

再者在家族企業進行治理機制，有所謂的「家族憲法」，可將之界定為企業根本規範，制定企業內部組織，家族成員基本權利保障和企業發展的方向。當家族事業的傳承涉及共同的業務和利益，或者當家族成員的關聯持續存在時，它就益顯重要（註3）。簽署家族憲法後，未來的落實相當重要，其須透過

定期安排「家族聚會」，讓家族成員願共同參與，並覓妥適當的「外部專業顧問」定期協助（註4）。

七、結語

筆者近二十年來經常為當事人處理繼承人間的繼承爭執，因而也常提醒當事人應未雨綢繆，事先規劃，為此永然聯合法律事務所也成立「永然家族傳承法律事務中心」，並與「永然地政士聯合事務所」一起為當事人提前規劃；甚至還找能配合之有經驗的會計師一起處理。近來當事人已較能面對現實，願意提前規劃，這也是一相當可喜的現象，但仍須當事人自己先有些法律基本常識，俾較能與律師、地政士、會計師們溝通。

註1：參見郭士華、汪欣寧撰：〈從東西方實際案例看家族辦公室在傳承中的角色〉乙文，載家族治理評論第25期，頁30～31，2022年7月出刊。

註2：陳妙如撰：〈新加坡家族辦公室政策優惠與推動實效〉乙文，載家族治理評論第24期，頁40，2022年2月出刊。

註3：許作名口述撰著：台灣資本1949～台商學，頁240～241，2024年3月出版，天立股份有限公司出版。

註4：洪連盛、鄭策允撰：〈透過家族憲法防範家族爭端於未然〉乙文，載家族治理評論第25期，頁29。2022年7月出刊。

運用「保險」進行財富傳承時，應有的法律認識！

李永然律師

一、國人喜好買保險來節稅

由於保險具有分散風險的功能，國人喜愛將「保險」做為財富傳承或理財的工具；又國內保險公司的業務員努力推廣投資保險商品，也造成台灣的保險滲透度相當高。

目前談到財富傳承，除「信託」、「遺囑信託」、「遺囑」、「閉鎖性公司」……等工具外，「保險」也是其中可以運用的工具之一。

二、保險具有其他傳承工具無法達成的功能

首先國人常會運用「遺囑」，透過遺囑安排遺產的分配、分割或禁止分割、繼承人的份額比例、繼承權的剝奪（《民法》第1145條）（註1）等；但遺囑就是不能解決「特留分」（註2）的問題，因為《民法》限制立遺囑不得侵害「特留分」（註3）。如果透過「保險」的保單，可以指定「受益人」，透過此種方式即可解決《民法》對於遺囑在「特留分」上的限制（註4）。又因保單的受益人於指定後仍可變更，故有認為如被繼承人考慮到「孝順規劃」，可以運用保單，誰較孝順就寫孝順自己的人為「保單受益人」（註5）。

依上述可知,「遺囑」固然可做財富傳承的安排,但其遺囑卻沒有辦法像「保險」一樣可以利用指定「受益人」,而規避「特留分」的限制。

三、運用「保險」進行傳富傳承應有的認識

其次,如果運用「保險」進行財富傳承,切勿誤認所有保險都免稅,筆者建議至少應注意以下四點:

㈠分辨「人壽保險」與「投資保險」:由於《遺產及贈與稅法》第16條第9款規定:「約定於被繼承人死亡時,給付其所指定受益人之人壽保險……之保險金額」,不計入「遺產總額」,有些人卻誤以為所有的保險都免稅,其實前述規定是限於「人壽保險,且須指定受益人」,才不計入遺產總額。如果是「投資型保單」,其可分「投資帳戶」及「保險帳戶」,財政部為避免「投資型保單」成為「避稅」的工具,乃依「實質課稅」精神,規定投資與保險必須切割清楚(財政部98年11月16日台財稅字第09800542850號函)(註6)。

㈡購買保單儘可能不是「重病」或「高齡」,如有前述情形,國稅局容易運用「實質課稅原則」,認為有規避遺產稅之嫌,而將保險給付金額併入遺產課稅。

㈢如果被繼承人於民國95年1月以後購買人壽保險,而其「要保人」與「受益人」非屬同一人時,則受益人所受領的「保險給付」應計入其「基本所得」(註7),如屬「死亡保險給付」,每一申報戶全年合計數在「新台幣3740萬元」以下,免計入受益人的基本所得(參見《所得基本稅額條例》第12條第

1項第2款）；前述的免稅額自民國114年已調整為3,740萬元（參見《所得基本稅額條例》第12條第5項）。

㈣要保人如購買未經我國金管會核准的外國保險公司的「人壽保險」，雖已指定「受益人」，但於要保人死亡時，該保險金仍應計入「遺產總額」課徵遺產稅。

四、結語

綜上所述，想運用保險進行財富傳承，應儘早規劃，選擇適宜保險種類並投保，而投保應儘量避免會遭國稅局依「實質課稅原則」針對保險給付併入遺產總額課徵之情形，如「重病投保」、「躉繳投保」、「舉債投保」、「高齡投保」、「巨額投保」、「密集投保」、「短期投保」、「保險費高於或等於保險金」（註8），這些情形就容易招來國稅局的關注，而告成困擾。如仍有不瞭解之處，還是請專業會計師、律師協助規劃，俾達「節稅」及「財富傳承」目的。

註1：《民法》第1145條第1項第5款規定：法定繼承人如對於「被繼承人」有重大的虐待或侮辱情事，經被繼承人表示其不得繼承者，該「法定繼承人」喪失繼承人。故立遺囑人如發現其法定繼承人中有上述情事，即可於「遺囑」中剝奪該法定繼承人的繼承權。

註2：被繼承人死亡後，依法應將一定的遺產特別留給「法定繼承人」，亦即被繼承人不能任意處分的一定遺產，就是「特留分」，參見王國治著：遺囑，頁196，2006年5月初版一刷，三民書局發行。

註3：《民法》第1187條規定：遺囑人於不違反關於「特留分」規定的範圍內，得以「遺囑」自由處分遺產。

註4：方燕玲會計師著：家族財富傳承，頁87～88，民國111年12月初版二刷，新陸書局公司出版。

註5：林嘉焜著：高所得人士稅務規劃錦囊，頁268，2010年7月增修訂二版，財團法人金融研訓院發行。

註6：陳信賢、楊華妃著：寫給金融業高資產客戶經理的第二本稅務書，頁175，2016年9月第1版第1刷，安侯企業管理股份有限公司出版。

註7：「所得最低稅負制」是為了防止有人藉由「保險」名義，進行財產免稅移轉之實；所以最低稅負制把「受益人與要保人非屬同一人」當作課稅條件。參見林嘉焜著：前揭書，頁252。

註8：黃振國著：財產移轉理財節稅規劃，頁203，民國112年2月22日，永然文化出版公司發行。

哪些保險金額不計入遺產總額?

李永然律師

由於國人相當重視租稅規劃,結果最有錢的人反而繳的遺產稅最少。究竟如何節省遺產稅?一般不外運用免稅額、扣除額、不計入遺產總額、配偶的剩餘財產差額分配請求權等方式減少遺產淨額,藉以少繳遺產稅。

而不計入遺產總額的項目,有一項是《遺產及贈與稅法》第16條第9款:「約定於被繼承人死亡時,給付其所指定受益人之人壽保險金額、軍、公教人員、勞工或農民保險之保險金額及互助金。」。基於此一規定,所以過去國人常利用當事人生前為其規劃高額的「人壽保險保單」,如此一來,除可降低當事人本身的財產總額,將來其死亡時獲得的「保險給付」又可不必計入遺產,並提供為繳納遺產稅的資金來源,是相當好的節稅規劃工具(註1)。

除上述規定外,我國《保險法》第112條也規定,「保險金額」約定於被保險人死亡時給付於其所指定的「受益人」者,其金額不得作為被保險人的遺產。

實務上,因國人購買「國外保單」日益增多,此時這類人壽保險保單的保險金是否也適用《遺產及贈與稅法》第16條第9款的規定?

外國保險公司的人壽保險,如未經我國金管會(註2)核准

，自然無法適用《保險法》第112條，也不適用《遺產及贈與稅法》第16條第9款之規定；因此，如被繼承人生前投保未經金管會核准的外國保險公司人壽保單，該死亡保險給付金額，自然必須計入遺產總額，依法繳納遺產稅（註3）。

　　所以，進行節稅規劃時，一定要了解相關規定，方能做出正確的規劃；否則，將徒勞無功！

註1：參見李常先、陳思民編著：遺產及贈與稅規劃暨相關法令解析，頁221，民國91年4月第1版第1刷，李常先發行。

註2：原「行政院金融監督管理委員會保險局」。民國99年2月3日行政院組織法修正之故，101年7月1日起更名為「金融監督管理委員會」（簡稱「金管會」）

註3：黃詩凱撰：〈未經核准保單　死亡給付須課稅〉乙文，載民國97年8月4日工商時報A11版。

從法律觀點，談繼承權益

李永然律師

一、繼承權

㈠民法繼承編之繼承人及法定順序

《民法》第1138條：「遺產繼承人，除配偶外，依左列順序定之：一、直系血親卑親屬。二、父母。三、兄弟姊妹。四、祖父母。」

《民法》第1139條：「前條所定第一順序之繼承人，以親等近者為先。」

> **注意！**
>
> 遺產繼承人如下：
> 一、原則上配偶有相互繼承權，為當然繼承人，和其他順位繼承人一同繼承遺產。
> 二、在配偶之後的繼承人順位如下：
> ㈠直系血親卑親屬。
> ㈡父母。
> ㈢兄弟姊妹。
> ㈣祖父母。

《民法》第1166條第1項:「胎兒為繼承人時,非保留其應繼分,他繼承人不得分割遺產。」,顯見胎兒雖未出生,但仍具有繼承權。

另繼承人應於被繼承人死亡時,仍生存之,此為「同時死亡不具備同時存在」原則;若被繼承人與繼承人因推定而同時死亡,即已不符合實際生存要件。

(二)法定繼承人之應繼分

「應繼分」是指法定繼承人共同繼承時,各繼承人對於共同繼承財產上之一切權利義務所得繼承之比率。其決定之方式有二種:第一種:基於被繼承人之自由意思由遺囑指定,但以不侵害繼承人之特留分為主。第二種:由法律規定各繼承人之應繼分,即民法第1144條規定配偶之應繼分(註1)、第1141條規定血親繼承人之應繼分(註2)、第1140條規定代位繼承人之應繼分(註3)。

(三)代位繼承

《民法》第1140條:「第一千一百三十八條所定第一順序之繼承人,有於繼承開始前死亡或喪失繼承權者,由其直系血親卑親屬代位繼承其應繼分。」

代位繼承人之代位繼承權,屬代位繼承人之固有權利,代位繼承人係直接承繼被繼承人之財產。因此,代位繼承人縱使拋棄對被代位人之遺產繼承權,但因代位繼承權為其固有權限,若發生代位繼承事由時,可行使代位繼承權,繼承被繼承人

之財產。

(四)養女對其養父母的遺產有無繼承權？

◎問題：

王甲與李乙二人結婚時，僅育有一子王丙，二人想要有女兒，於是王甲、李乙依法收養阿花為養女。日後王甲、李乙死亡時，阿花有無繼承權？

◎解析：

我國《民法》第1074條規定：「夫妻收養子女時，應共同為之。……」，王甲、李乙二人乃共同收養阿花為養女。

養子女與養父母及其親屬間的關係，除法律另有規定外，與「婚生子女」同（參見《民法》第1077條第1項）。所以，養父母與養子女間屬於「擬制血親」。

假設王甲先死，則王甲之遺產由配偶李乙、婚生子王丙及養女阿花三人共同繼承，且三人之應繼分各為三分之一（參見《民法》第1138條、第1144條）。

假設王甲死後數年，李乙也死亡，則李乙的遺產由其婚生子王丙及養女阿花二人共同繼承，且二人之應繼分各為二分之一（參見《民法》第1138條、第1144條）。

此乃因「直系血親卑親屬」為「第一順位」之繼承人，養父母死亡，養子女亦屬「直系血親卑親屬」，所以養子女也有繼承權。

但如果養父母未死亡之前，即已對養子女終止收養時，因養子女回復其與「本生父母」及其親屬間的權利義務關係（參

見《民法》第1083條）（註4），此時則不再有繼承權！

(五)繼子或繼母相互間有無繼承權？

◎問題：

甲與乙係為夫妻，生有一子A，乙死亡，甲又再娶丙為妻，丙為A之繼母，而A為丙之繼子。試問：如丙死亡，A有無繼承權？又如A死亡，丙有無繼承權？

◎解析：

「繼子女」不同於「養子女」。《民法》第1072條規定：「收養他人之子女為子女時，其收養者為養父或養母，被收養者為養子或養女。」又養子女與養父母及其親屬間之關係，除法律另有規定外，與「婚生子女」同。（參見《民法》第1077條第1項）。因而養父母死亡時，養子女也有繼承權，且其「應繼分」與「婚生子女」同（參見《民法》第1138條）。

至於繼子女則不同於養子女，繼子與繼母並非血親，而係「直系姻親」，所以，當繼母死亡時，繼子對繼母所遺留之財產並無繼承權。反之，繼子死亡時，繼母對繼子所遺留的財產也沒有繼承權。

不過繼子、繼母間如果感情不錯，則可運用「遺囑」，在遺囑內進行「遺贈」。

(六)繼承權的喪失

《民法》第1145條第1項規定：「有左列各款情事之一者，喪失其繼承權：一、故意致被繼承人或應繼承人於死或雖未

致死因而受刑之宣告者。二、以詐欺或脅迫使被繼承人為關於繼承之遺囑，或使其撤回或變更之者。三、以詐欺或脅迫妨害被繼承人為關於繼承之遺囑，或妨害其撤回或變更之者。四、偽造、變造、隱匿或湮滅被繼承人關於繼承之遺囑者。五、對於被繼承人有重大之虐待或侮辱情事，經被繼承人表示其不得繼承者。」

上述規定的立法理由不外乎基於以下三點：1.維持社會的倫理道德。2.避免遺產繼承秩序的混亂。3.確保遺囑人的遺囑自由。

注意！

小心！以下五種情況會喪失繼承權：

一、故意致被繼承人或應繼承人於死或雖未致死因而受刑之宣告者。

二、以詐欺或脅迫使被繼承人為關於繼承之遺囑，或使其撤回或變更之者。

三、以詐欺或脅迫妨害被繼承人為關於繼承之遺囑，或妨害其撤回或變更之者。

四、偽造、變造、隱匿或湮滅被繼承人關於繼承之遺囑者。

五、對於被繼承人有重大之虐待或侮辱情事，經被繼承人表示其不得繼承者。

(七)繼承回復請求權

《民法》第1146條第1項規定:「繼承權被侵害者,被害人或其法定代理人得請求回復之。」

所謂「繼承權被侵害」,乃指繼承開始後,若有人自命為繼承人,否定真正繼承人的繼承權,而以繼承人的身分概括地占有遺產標的物者,即屬之。所以,繼承權被侵害,實含有繼承資格被否定及遺產標的物被概括占有的二種意義。最高法院53年度台上字第1928號判例:「繼承回復請求權,係指正當繼承人,請求確認其繼承資格及回復繼承標的之權利而言,此項請求權,應以與其繼承爭執資格之表見繼承人為對象,向之訴請回復,始有民法第1146條第2項時效之適用。」(註5)。

二、遺囑與遺產繼承

(一)遺囑

所謂「遺囑」,是指立遺囑人為使其意思(註6)於過世後發生法律上效力,而依法定方式所為之無相對人之單獨行為。而遺囑依《民法》第1187條:「遺囑人於不違反關於特留分規定之範圍內,得以遺囑自由處分遺產。」,為「遺囑自由原則」。立遺囑人得以遺囑指定遺產分割之方法、為遺產管理人或遺囑執行人之指定、遺贈、應繼分之指定等。

> **被繼承人得在**
> **不違反關於特留分**（註7）**之情況下，**
> **以遺囑決定其遺產由何人取得。**

㈡運用遺囑規劃財產的法律須知

現代人愈來愈懂得運用「遺囑」，生前立遺囑者也逐漸增加。其主要因素：1.遺囑知識的普及；2.遺囑價值的高價化；3.遺產稅的對策問題；4.預防遺產分割的紛爭（註8）。

其實運用遺囑的情形也有不同，有些只能單純將其身後的遺產，依其自己意志予以規劃；有些則與信託結合，運用遺囑進行「遺囑信託」。

以後者而言，因我國《信託法》第2條規定：「信託，除法律另有規定外，應以契約或遺囑為之」。所以就有遺囑信託的情形。更有甚者，還有「人壽保險信託」，即於設定信託之際，從委託人移轉「人壽保險金債權」作為信託財產（註9）。

㈢遺贈

遺贈乃遺囑人以遺囑表示，將財產無償給予受遺贈人之單獨行為，不需受遺贈人同意即可已成立，所以遺囑生效時，即為遺贈發生效力時。而遺囑係自遺囑人死亡時即發生效力，故遺贈生效係在被繼承人死亡時，然而若受遺贈人於遺囑發生效力前已死亡，該遺贈依《民法》第1201條規定，不生效力。

利用遺囑進行遺贈，尚有以下四點要注意：

1.遺囑所定遺贈,附有停止條件者,自條件成就時,發生效力(參見《民法》第1200條)。

2.受遺贈人於遺囑發生效力前死亡者,其遺贈不生效力(參見《民法》第1201條)。

3.受遺贈人在遺囑人死亡後,得拋棄遺贈(參見《民法》第1206條第1項)。

4.遺贈附有義務者,受遺贈人以其所受利益為限,負履行之責(參見《民法》第1205條)。

㈣繼承之方式

1.繼承限定責任:

⑴《民法》第1148條:「繼承人自繼承開始時,除本法另有規定外,承受被繼承人財產上之一切權利、義務。但權利、義務專屬於被繼承人本身者,不在此限。繼承人對於被繼承人之債務,以因繼承所得遺產為限,負清償責任。」。

民國97年間,《民法》繼承編修正前,我國係以「概括繼承」為原則,並另設「限定繼承」及「拋棄繼承」制度。民國98年6月10日修正公布之第1153條復增訂法定限定責任之規定。鑑於社會上時有繼承人因不知法律而未於法定期間內辦理限定繼承或拋棄繼承,以致背負繼承債務,影響其生計,為解決此種不合理之現象,爰明定繼承人對於被繼承人之債務,僅須以因繼承所得遺產為限,負連帶責任,以避免繼承人因概括承受被繼承人之生前債務而桎梏終生。繼承人依本條規定仍為概括繼承,故繼承債務仍然存在且為繼承之標的,僅係繼承人對

於繼承債務僅以所得遺產為限負連帶責任，故繼承人如仍以其固有財產清償繼承債務時，該債權人於其債權範圍內受清償，並非無法律上之原因，故無「不當得利」可言，繼承人自不得再向債權人請求返還。

(2)繼承遺產之擬制：

《民法》第1148條之1規定，繼承人在繼承開始前「二年」內，從被繼承人受有財產之贈與者，該財產視為其所得遺產。前項財產如已移轉或滅失，其價額，依贈與時之價值計算。

(3)繼承人清償債務的範圍：

①對外關係：繼承人對於被繼承人之債務，以因繼承所得遺產為限，負連帶責任。

②對內關係：繼承人相互間對於被繼承人之債務，除法律另有規定或另有約定外，按其應繼分（註10）比例負擔之。

(4)應繼遺產之清算方式（程序）：

①開具遺產清冊陳報法院：型態有三：由繼承人主動開具（註11）、由債權人聲請（註12）、由法院依職權命繼承人開具。

②踐行搜索債權人之公示催告程序：

公示催告期間為三個月以上，於此一期間內，繼承人不得對於被繼承人之任何債權人償還債務。

公示催告期滿後，清償債務順序為：有優先權之債權（第一順位）、普通債權（第二順位）、遺贈支付（第三順位）、未報明並為繼承人所不知之債權（第四順位）。

前述之債權若係清償期尚未屆至之債權，於繼承開始時，

即會視為到期，因此若是未附利息之債權，則債權額應扣除自前述公示催告期間屆滿時至到期時之法定利息。

(5)繼承人限定責任利益喪失：

因民國98年6月10日，《民法》修法後，已改採繼承人全面限定責任之立法，其目的乃在於保護繼承人，因此若繼承人有隱匿遺產情節重大、在遺產清冊為虛偽之記載情節重大、意圖詐害被繼承人之債權人之權利而為遺產之處分等不正行為之一時，為了兼顧債權人的利益，應課以繼承人負無限責任的制裁（《民法》第1163條）。

2.拋棄繼承：

(1)拋棄繼承為繼承開始後（註13），依法有繼承權之人依法定方式在法定期間內向法院為與繼承立於無關係之地位，不欲為繼承主體之意思表示。其乃為無相對人之單獨行為。

(2)又因為拋棄繼承在繼承人向法院表示時，即已生拋棄繼承效力，故無法再行撤回其拋棄繼承之表示。但若是該撤回拋棄繼承之通知到達法院，係與拋棄繼承之意思表示同時或先為到達，可類推適用《民法》第95條第1項，始生撤回效力。

(3)拋棄繼承之效力，可分為二方面了解：

①對拋棄人而言，自拋棄繼承生效後，其即不再為繼承人，就被繼承人遺產無取得債權，亦無負擔債務。

②對其他同為繼承人之人，依《民法》第1176條（註14）規定，由其等依比例取得拋棄繼承人之應繼分。若拋棄繼承人在拋棄繼承前已經管理遺產，依《民法》第1176條之1規定（註15），應與處理自己事務為同一之注意，繼續管理之。

3.大陸地區人民之繼承權：

大陸地區人民繼承台灣地區人民的遺產，應於繼承開始起「三年」內，以「書面」向被繼承人住所地的法院為繼承表示；逾期視為拋棄繼承（參見《臺灣地區與大陸地區人民關係條例》第66條第1項）。

《臺灣地區與大陸地區人民關係條例》第67條：「被繼承人在臺灣地區之遺產，由大陸地區人民依法繼承者，其所得財產總額，每人不得逾新臺幣二百萬元。超過部分，歸屬臺灣地區同為繼承之人；臺灣地區無同為繼承之人者，歸屬臺灣地區後順序之繼承人；臺灣地區無繼承人者，歸屬國庫。前項遺產，在本條例施行前已依法歸屬國庫者，不適用本條例之規定。其依法令以保管款專戶暫為存儲者，仍依本條例之規定辦理。遺囑人以其在臺灣地區之財產遺贈大陸地區人民、法人、團體或其他機構者，其總額不得逾新臺幣二百萬元。第一項遺產中，有以不動產為標的者，應將大陸地區繼承人之繼承權利折算為價額。但其為臺灣地區繼承人賴以居住之不動產者，大陸地區繼承人不得繼承之，於定大陸地區繼承人應得部分時，其價額不計入遺產總額。大陸地區人民為臺灣地區人民配偶，其繼承在臺灣地區之遺產或受遺贈者，依下列規定辦理：一、不適用第一項及第三項總額不得逾新臺幣二百萬元之限制規定。二、其經許可長期居留者，得繼承以不動產為標的之遺產，不適用前項有關繼承權利應折算為價額之規定。但不動產為臺灣地區繼承人賴以居住者，不得繼承之，於定大陸地區繼承人應得部分時，其價額不計入遺產總額。三、前款繼承之不動產，如

為土地法第十七條第一項各款所列土地,準用同條第二項但書規定辦理。」。

《臺灣地區與大陸地區人民關係條例》第67條之1:「前條第一項之遺產事件,其繼承人全部為大陸地區人民者,除應適用第六十八條之情形者外,由繼承人、利害關係人或檢察官聲請法院指定財政部國有財產局為遺產管理人,管理其遺產。被繼承人之遺產依法應登記者,遺產管理人應向該管登記機關登記。第一項遺產管理辦法,由財政部擬訂,報請行政院核定之。」。

4.實務見解:

⑴有關拋棄繼承可否為一部分拋棄,或是需要全部拋棄之,實務之見解認為,應以全部拋棄繼承,亦不得就特定一債務作拋棄繼承。若為一部拋棄,則認為不生拋棄之效力。

最高法院65年台上字第1563號判決(註16):「繼承之拋棄,係指繼承人否認自己開始繼承效力之意思表示,即否認因繼承開始當然為繼承人之全部繼承效力之行為。與拋棄因繼承所取得之財產,性質不同。又《民法》第1174條所謂拋棄繼承權,係指全部拋棄而言,如為一部拋棄,為繼承性質所不許,不生拋棄之效力。」。

⑵被繼承人為債務人,執行法院可否對限定繼承人之固有財產為強制執行,實務認為限定繼承人僅以被繼承人之財產清償被繼承人之債務,僅負擔物之有限責任。故執行法院就繼承人自身之財產為執行,其當然立於第三人地位。若執行債權人執行到繼承人之固有財產,繼承人可以就此部分提起「第三人

異議之訴」。

最高法院77年台抗第143號（註17）：「限定繼承之繼承人，就被繼承人之債務，惟負以遺產為限度之物的有限責任。故就被繼承人之債務為執行時，限定繼承人僅就遺產之執行居於債務人之地位，如債權人就限定繼承人之固有財產聲請強制執行，應認限定繼承人為強制執行法第15條之第三人，得提起『第三人異議之訴』，請求撤銷強制執行程序。」。

三、如何預防繼承糾紛？

國內越來越多民眾累積相當驚人的財富，一旦身故後，其後代立即面對繼承的問題。近年來繼承糾紛有增加的趨勢，這些糾紛不外是：

㈠遺囑真偽的爭執。

㈡非婚生子女出面主張繼承。

㈢配偶、外遇對象間的財產爭議。

㈣大陸配偶及大陸子女與台灣人民間的繼承爭議。

㈤生前「借名登記」財產的歸屬。

㈥生前特種贈與（因結婚、分居、營業）財產的歸扣。

㈦侵害繼承權所生的繼承回復請求權。

㈧侵害特留分。

面對這些繼承糾紛，非但為家族帶來困擾，同時造成骨肉相殘，爭訟不斷。深信每位有智慧的民眾一定不願看到此種情事的發生。然為避免繼承糾紛的發生，一旦要採取預防手段。而採用的手段就以預立「遺囑」最佳。

於預立遺囑時，建議至少應注意以下四點：

(一)選用適當的遺囑方式

依我國《民法》的規定，遺囑依其方式不同，有「自書」、「口授」、「密封」、「代筆」及「公證」等五種方式。其中以「公證遺囑」較少有爭議。「公證遺囑」應指定二人以上的見證人，並在公證人前口述遺囑意旨，由公證人筆記、宣讀、講解，經遺囑人認可後，記明年、月、日，由公證人、見證人及遺囑人同行簽名；遺囑人不能簽名者，由公證人將其事由記明，使按指印代之（參見《民法》第1191條）。

(二)不得侵害「特留分」

我國《民法》第1123條中對繼承人定有「特留分」，立遺囑人應加以尊重，因一旦發生侵害特留分，就會發生「扣減」的問題（參見《民法》第1225條），這也會造成繼承糾紛。

(三)明確遺產的範圍

被繼承人於立遺囑時，應將遺產的範圍予以明確，如有往昔借用繼承人名義登記的財產，這些財產是否要贈與，或仍歸入遺產供將來繼承之用，以明確為宜。

(四)將配偶、外遇對象或非婚生子女的問題明確處理

我國《民法》是「一夫一妻制度」，不論男人或女人，原則上不應在配偶之外還有同居人，於夫妻純潔婚姻道德上，男

人更不應有非婚生子女,倘不幸遇上了,這些問題應將之明確交代,切勿讓自己的後人彼此間發生爭議。

此外,其他如節稅、生前債務或對於第三人的債權、保險單、與他人的合夥……等等,也應一併交代清楚,這樣才不會造成不清不楚的情形!

註1:配偶之應繼分,《民法》第1144條:「配偶有相互繼承遺產之權,其應繼分,依左列各款定之:一、與第一千一百三十八條所定第一順序之繼承人同為繼承時,其應繼分與他繼承人平均。二、與第一千一百三十八條所定第二順序或第三順序之繼承人同為繼承時,其應繼分為遺產二分之一。三、與第一千一百三十八條所定第四順序之繼承人同為繼承時,其應繼分為遺產三分之二。四、無第一千一百三十八條所定第一順序至第四順序之繼承人時,其應繼分為遺產全部。」

註2:血親繼承人之應繼分,民法第1141條:「同一順序之繼承人有數人時,按人數平均繼承。但法律另有規定者,不在此限。」

註3:代位繼承人之應繼分,《民法》第1140條:「第一千一百三十八條所定第一順序之繼承人,有於繼承開始前死亡或喪失繼承權者,由其直系血親卑親屬代位繼承其應繼分。」

註4:《民法》第1083條:「養子女及收養效力所及之直系血親卑親屬,自收養關係終止時起,回復其本姓,並回復其與本生父母及其親屬間之權利義務。但第三人已取得之權利,不受影響。」

註5:戴炎輝、戴東雄、戴瑀如合著:繼承法,頁84,2010年2月修訂版,自刊本。

註6:台灣花蓮地方法院93年訴字第105號判決:「遺囑制度之設,在於尊重死亡人之遺志,然遺囑之發生效力,既在遺囑人死亡之後,故是否確

為遺囑人之本意，屆時已無從質對，而遺囑之內容多重要事項，利害關係人每易發生爭執，為確保遺囑人之真意，並為防止事後之糾紛，各國民法多規定遺囑為要式行為，即遺囑必須依一定之方式為之，始生效力。」

註7：繼承人之特留分，參照《民法》第1223條。

註8：參見蔡仟松編著：遺囑寫作，頁7，2002年2月初版一刷，書泉出版社出版。

註9：參見楊崇森著：信託與投資，頁115，民國82年3月台初版第6次印行，正中書局發行。

註10：應繼分規定，請參見《民法》第1144條；特留分則請參見《民法》第1223條。

註11：《民法》第1156條：「繼承人於知悉其得繼承之時起三個月內開具遺產清冊陳報法院。前項三個月期間，法院因繼承人之聲請，認為必要時，得延展之。繼承人有數人時，其中一人已依第一項開具遺產清冊陳報法院者，其他繼承人視為已陳報。」

註12：《民法》第1156條之1：「債權人得向法院聲請命繼承人於三個月內提出遺產清冊。法院於知悉債權人以訴訟程序或非訟程序向繼承人請求清償繼承債務時，得依職權命繼承人於三個月內提出遺產清冊。前條第二項及第三項規定，於第一項及第二項情形，準用之。」

註13：最高法院22年上字第2652號判例：「民法第1174條所謂繼承權之拋棄，係指繼承開始後，否認繼承效力之意思表示而言，此觀同條第2項及同法第1175條之規定甚為明顯，若繼承開始前預為繼承權之拋棄，則不能認為有效。」

註14：《民法》第1176條：「第一千一百三十八條所定第一順序之繼承人中

有拋棄繼承權者,其應繼分歸屬於其他同為繼承之人。第二順序至第四順序之繼承人中,有拋棄繼承權者,其應繼分歸屬於其他同一順序之繼承人。與配偶同為繼承之同一順序繼承人均拋棄繼承權,而無後順序之繼承人時,其應繼分歸屬於配偶。配偶拋棄繼承權者,其應繼分歸屬於與其同為繼承之人。第一順序之繼承人,其親等近者均拋棄繼承權時,由次親等之直系血親卑親屬繼承。先順序繼承人均拋棄其繼承權時,由次順序之繼承人繼承。其次順序繼承人有無不明或第四順序之繼承人均拋棄其繼承權者,準用關於無人承認繼承之規定。因他人拋棄繼承而應為繼承之人,為拋棄繼承時,應於知悉其得繼承之日起三個月內為之。」

註15:《民法》第1176條之1:「拋棄繼承權者,就其所管理之遺產,於其他繼承人或遺產管理人開始管理前,應與處理自己事務為同一之注意,繼續管理之。」

註16:最高法院67年台上字第3448號判決:「民法第1174條第1項固規定繼承人得拋棄其繼承權,惟此所謂拋棄繼承權,係指全部拋棄而言,如為一部拋棄,即不生拋棄之效力,上訴人雖主張繼承權一部之拋棄符合社會民間之需要,應為法之所許云云,其見解無可採取。」

註17:民國75年2月25日最高法院75年度第四次民事庭會議決議也採此見解。

繼承人於何種情形下,會喪失繼承權?

李永然律師

一、我國《民法》繼承編為何規定「喪失繼承權」?

國人為爭產而發生繼承糾紛的案例日益增多,有些是繼承人間打官司、打架,更傳出有繼承人為爭產而開槍釀出人命。

我國《民法》繼承編,基於以下三點理由,而訂有繼承權喪失的規定,其立法理由為:㈠為維持社會的倫理道德;㈡為避免遺產繼承順序的混亂;㈢為確保立遺囑人的遺囑自由(註1)。

我國《民法》第1145條規定,有下列各款情事之一者,喪失其繼承權:

㈠故意致被繼承人或應繼承人於死或雖未致死,因而受刑之宣告的。

㈡以詐欺或脅迫使被繼承人為關於繼承的遺囑,或使其撤回或變更的。

㈢以詐欺或脅迫妨害被繼承人為關於繼承的遺囑,或妨害其撤回或變更的。

㈣偽造、變造、隱匿或湮滅被繼承人關於繼承之遺囑者。

㈤對於被繼承人有重大的虐待或侮辱情事,經被繼承人表

示其不得繼承的。

以上五種法定事由，可分為「當然失權」與「表示失權」；前者是指繼承人具有法定失權的原因，無待被繼承人為任何表示，當然喪失其對被繼承人的繼承權。前述的㈠～㈣屬於「當然失權」；又「當然失權」依其是否因被繼承人的宥恕而回復繼承權，再分為「絕對失權」與「相對失權」，「絕對失權」即前述㈠之法定事由；「相對失權」則為前述的㈡～㈣的法定事由（註2）。

二、以「絕對失權」為例

如上所述，有五種法定事由會喪失繼承權，而「當然失權」中的「絕對失權」，即「故意致被繼承人或應繼承人於死或雖未致死，因而受刑之宣告者」；構成此一法定喪失繼承權的事由，必須同時具備下述要件：

㈠須繼承人本人所為。

㈡須對被繼承人或應繼承人為之。

㈢須有致死的故意：若無致死的故意，而僅有傷害的故意，而致死時，則非當然喪失繼承權（司法院83年12月14日廳民一字第22562號函覆台高院）。

㈣須受刑之宣告：乃指法院諭知「科刑的判決」案已確定者而言；至於無罪判決、免訴判決或不受理判決就不符本法定事由，因而未喪失繼承權。

三、以「表示失權」為例

如上所述,「表示失權」不同於「當然失權」。我國《民法》第1145條第1項第5款規定「表示失權」,「對於被繼承人有重大之虐待或侮辱情事,經被繼承人表示其不得繼承的」,喪失其繼承權,構成此一法定喪失繼承權的事由,必須同時具備下述要件:

㈠繼承人對被繼承人有重大的虐待或侮辱。

㈡須被繼承人表示繼承人不得繼承。

先就「繼承人對被繼承人有重大的虐待或侮辱」說明。所謂「虐待」,乃指予被繼承人以身體上或精神上痛苦之行為,不以「積極行為」為限,更包括「消極行為」。最高法院72年台上字第4710號判決:「本件上訴人無不能同居之正當理由而拒絕與其夫施○○同居,幾達二十年之久,且自承於知悉施。患病三、四年,亦未曾隨侍在側看護,實際係對被繼承人施○○有重大之虐待……」(另參最高法院74年台上字第1870號判決)。至於「侮辱」,乃指毀損被繼承人人格價值的行為,台灣高等法院90年度重家上字第1號民事判決:「上訴人在印鑑證明書背面書寫『不光榮之財產,不願繼承』,並於盧○○在場時交付被上訴人,明顯係要盧○○知悉其財產係不光榮得來,甚且辱罵盧○○做不光榮之事,致得帕金森症不能行為;對盧○○人格予以毀損,已構成被繼承人有重大之侮辱。」

另外,「須經被繼承人表示繼承人不得繼承」,此一要件即須由被繼承人表示其不得繼承,且須經被繼承人之表示,才會失權;此一表示可以於「生前」表示,同時以「繼承」或「不得繼承」均可(註3)。

四、結語

綜上所述，繼承人應避免有我國《民法》第1145條第1項的法定事由，這樣才可以享有「繼承權」。繼承人實應「孝順」、「正派」，自然就不可能發生喪失繼承權之情形。

註1：林秀雄著：繼承法講義，頁32～33，2006年5月初版第2刷，自刊本。

註2：王富仙撰：〈試論我國民法上繼承權之喪失〉乙文，載施慧玲等著：繼承法制之研究㈡，頁73～74，元照出版有限公司出版。

註3：戴炎輝等合著：繼承法，頁75，2010年2段最新修訂版，自刊本。

繼承人如何為限定繼承?

李永然律師

一、繼承人須了解限定繼承

人生難免有「生、老、病、死」,倘遭遇親人死亡,則將面臨「繼承」問題。例如:甲與乙結婚,育有二子女A、B,甲死亡,則其配偶乙、子女A、B三人,依《民法》繼承編的規定,即享有「繼承權」。

由於法律基於「自己責任之原則」,死者的親屬或配偶原無義務、也無權利承受死者財產上的權利義務,所以《民法》賦予繼承人有「限定繼承」或「拋棄繼承」的權利(註1)。

然何謂「限定繼承」?其乃指繼承人限定僅以因繼承所得的遺產,償還被繼承人債務的行為,此種行為是「身分財產行為」,但「財產行為」的性質較為濃厚。對於「限定繼承」,繼承人應注意下述問題?

二、繼承人為限定繼承,必須向法院開具遺產清冊

按我國《民法》第1148條第2項已修正為:「繼承人對於被繼承人之債務,以因繼承所得遺產為限,負清償責任」;由於改採「限定繼承」,為確保「繼承人」與「被繼承人」的財產確實分離,繼承人須向法院呈報「遺產清冊」,被繼承人的債權人也須報明債權(註2)。

所以，繼承人為限定繼承時，須注意以下兩點：

㈠繼承人於知悉其得繼承之時起「三個月」內，開具「遺產清冊」陳報法院；如果繼承人無法於「三個月」內完成時，可以向法院聲請延展（《民法》第1156條第1項、第2項）。

㈡繼承人有數人時，只要有「一人」向法院陳報即可，因法律規定，「繼承人有數人時，其中一人已開具遺產清冊陳報法院，其他繼承人視為已陳報」（《民法》第1156條第3項）。

> **注意！**
>
> 遺產清冊這麼做，就不能主張《民法》第1148條第2項的限定繼承了：
> 一、隱匿遺產情節重大。
> 二、在「遺產清冊」為虛偽的記載情節重大。
> 三、意圖詐害被繼承人之債權人的權利而為遺產的處分。

三、繼承人的遺產清冊不得為虛偽記載

其次繼承人面對繼承，進行限定繼承的「遺產清冊」陳報法院，必須誠實，非但不得隱匿「遺產」，更不得於遺產清冊上為虛偽記載。如果有下列情形之一，就不能再主張針對被繼承人生前所負之債務，只以「因繼承所得遺產」為限負責：

㈠隱匿遺產情節重大。

㈡在「遺產清冊」為虛偽的記載情節重大。

㈢意圖詐害被繼承人之債權人的權利而為遺產的處分（《民法》第1163條）。

四、結語

繼承人面對遺產繼承時，須注意相關的法律規定，「限定繼承」只是其中的問題之一，其他尚有如：拋棄繼承、遺贈、遺囑、遺囑執行、遺產分割……。處理時，如有不明瞭時，宜與專業律師討論確認，俾保自身權益。

註1：林秀雄著：繼承法講義，頁149，2006年5月初版第2刷，自刊本。

註2：鄧學仁撰：〈繼承法修正簡介及評釋〉乙文，載施慧玲等著：繼承法制之研究㈡，頁22，2016年9月初版第2刷，元照出版有限公司出版。

被繼承人之債權人可以對遺產管理人行使何權利？

李永然律師

一、「遺產管理人」不同於遺囑執行人

繼承財產紛爭的新聞日益增多，繼承案件中有時會出現一些角色，如：「遺產管理人」、「遺囑執行人」等，這兩個角色有哪些不同？現分述如下：

㈠遺產管理人：繼承開始時，繼承人之有無不明者，即須有「遺產管理人」（《民法》第1177條）（註1）。

㈡遺囑執行人：遺囑人得以遺囑指定遺囑執行人，或委託他人指定（《民法》第1209條第1項）。

可知「遺產管理人」不同於「遺囑執行人」。

二、認識「遺產管理人」的職務

債務人如係被繼承人，又遇上無人承認繼承時，債權人要如何與「遺產管理人」打交道？首先須認識遺產管理人的職務為何。依規定，其職務如下：

㈠須編製遺產清冊：遺產管理人應於就職後「三個月」內編製（參見《民法》第1179條第2項前段）。

㈡為保存遺產必要的處置：所謂保存遺產必要的處置，除管理行為、改良行為外，也包括必要的處分行為，遺產管理人

就保存遺產必要的處理，自得為之，無須法院的同意（註2）。

(三)聲請法院依「公示催告程序」，限定「一年」以上的期間，公告被繼承人的債權人及受遺贈人，命其於該期間內報明債權及為願受遺贈與否的聲明，被繼承人的債權人及受遺贈人為管理人所已知者，應分別通知。

又上述公示催告除記載被繼承人的姓名、最後住所、死亡的年月日及地點、法院外，還應記載下列事項：

1.遺產管理人的姓名、住所及處理遺產事務的處所。

2.報明債權及願否受遺贈聲明的期間，並於期間內應為報明或聲明的催告。

3.因不報明或聲明而生的失權效果（參見《家事事件法》第138條）。

(四)清償債權或交付遺贈物：「債權的清償」應先於「遺贈物的交付」，為清償債權或交付遺贈物的必要，管理人經親屬會議的同意，得變賣遺產（參見《民法》第1179條第2項後段）。

(五)有繼承人承認繼承或遺產歸屬國庫時，應該為遺產的移交（《民法》第1179條）。

三、被繼承人之債權人的權利

繼承人之債權人對遺產管理人有何權利？簡單說明如下：

(一)被繼承人之債權人可以請求遺產管理人報告或說明遺產的狀況（參見《民法》第1180條）。

(二)被繼承人的債權人務必記得於「公示催告期間」內向遺

遺產清冊

不動產	1	坐落地址：
		地號：
		建號：
	2	坐落地址：
		地號：
		建號：
存款	1	金融機構：
		金額：_____元
	2	金融機構：
		金額：_____元
債務	1	債權人：
		金額：_____元
	2	債權人：
		金額：_____元
其他		

產管理人為債權的報明,方能保障自身權益;倘未於《民法》第1179條第1項第3款所定期間內為報明,將來僅得就「賸餘遺產」行使其權利(參見《民法》第1182條)。

(三)被繼承人之債權人須於《民法》第1179條第1項第3款所定期間屆滿後,才能對遺產管理人要求償還債務(參見《民法》第1181條)。

四、結語

綜上所述,被繼承人之債權人面對遺產管理人,一定要了解相關法律,才能確保自身權益,這也是筆者常強調的「法律是保護知道法律的人」。

註1:如被繼承人死亡前留有債務,通常在確定法定繼承人均已依序向法院聲明「拋棄繼承」後,且親屬會議也未向法院聲請選任遺產管理人時,債權人會向法院聲請選任遺產管理人。參見何志揚撰〈關於擔任遺產管理人之經驗分享〉乙文,載中律會訊雜誌第13卷第4期,頁72。

註2:台灣高等法院暨所屬法院83年法律座談會及司法院民事廳84年7月7日84年度廳民一字第13341號函參照。

遺產的繼承與分割

李廷鈞地政士

依據《民法》關於繼承之規定,採「當然繼承主義」,於被繼承人死亡時,即為繼承開始時,其財產上之一切權利義務,由繼承人當然承受,毋須為任何意思表示。而自民國98年《民法》修正後,全面採「法定限定繼承制」,繼承人如果沒有特別向法院為拋棄繼承的意思,原則上對於被繼承人之債務,以因繼承所得之遺產為限,負清償責任。

在這樣的規定下,被繼承人的不動產,理論上在被繼承人死亡時,繼承就已經發生。但依據《民法》第759條之規定:「因繼承、強制執行、徵收、法院之判決或其他非因法律行為,於登記前已取得不動產物權者,應經登記,始得處分其物權。」,由前開規定可知,即使已經發生繼承的事實,不動產遺產還是必須經過「繼承登記」,繼承人才能取得處分的權利。

繼承遺產完稅後,有三種登記方式,分別為:一、協議分割繼承;二、應繼分繼承;三、公同共有繼承。三種登記方式具備不同的條件及規定,其所產生的法律效果也不太一樣。

一、協議分割繼承

分割繼承的原理在於將繼承登記及共有遺產的分割在一次登記中完成,各繼承人之間可以自行協議繼承的部分,不一定要與《民法》所規定的應繼分的比例一致,繼承之後各繼承人

可以依照各自協議取得的遺產權利範圍單獨處分繼承取得的遺產。協議分割繼承必須由「全體繼承人」訂立「遺產分割協議書」，協議各自繼承的範圍，然後憑「遺產分割協議書」向地政機關申請分割繼承。

舉例：某甲過世後留有價值不等之A、B、C三筆土地，由乙、丙、丁三位繼承人繼承，乙、丙、丁即可各自約定由乙繼承A地、丙繼承B地、丁繼承C地；也可以約定A、B、C三地均由乙單獨繼承，因為取得全體繼承人之共識的協議，均不受《民法》「應繼分」及「特留分」之限制。

二、應繼分繼承

「應繼分繼承」乃指依據《民法》第1144條的應繼分規定，如果配偶和直系血親卑親屬為共同繼承時，應繼分為均等；與父母和兄弟姊妹共同繼承時，配偶為二分之一；與祖父母共同為繼承時，配偶應繼分為三分之二。如果按照「應繼分」去做分配，由於是法定的比例，因此不需要另外為「遺產分割協議」，僅需全體繼承人共同申請即可。

舉例：某甲過世後留有價值不等之A、B、C三地，由配偶乙及子女丙、丁三人共同繼承，因為三人之法定應繼分均為三分之一，因此，如果按照應繼分繼承，由乙、丙、丁各自取得A、B、C三地三分之一之應有部分權利範圍，繼承後各自也可以自由處分各自取得之應有部分，但如出賣其應有部分，其他繼承的共有人享有優先購買權（《土地法》第34條之1）。

三、公同共有繼承

　　繼承發生之後，有時候會發生繼承人無法全體會同申請辦理繼承登記的情形，但《土地法》又規定繼承必須要在被繼承人死亡後「六個月」內為之（《土地法》第73條），因此繼承人可以先申請為公同共有之繼承。公同共有乃是本於繼承公同關係所為之繼承，因為各繼承人並沒有明確的應有部分，公同共有的不動產，處分仍需全體公同共有的繼承人同意為之，各公同共有人均不得單獨處分其所有權（《民法》第828條）。

　　舉例：某甲過世後留有價值不等之A、B、C三地，由配偶乙及子女丙、丁三人共同繼承，因為三人之法定應繼分均為三分之一。但乙、丙、丁三位繼承人對於A、B、C三地如何分配還沒有共識，也無法會同申請，因此，得由A、B、C任何一人單獨向地政機關申請為公同共有的繼承登記。

　　遺產在登記為公同共有之後，如果日後繼承人之間對於遺產的分配有想法，可以另外再做「遺產協議分割」或是「共有物型態變更」的登記，不需要再另外做移轉，即可分割遺產。

　　舉例：乙、丙、丁三人原公同共有A地，乙、丙、丁三人如協議由乙單獨取得，即可另外訂立「遺產分割協議書」，將公同共有之A地，協議由乙單獨登記為所有權人；又如乙、丙、丁三人希望A地按照《民法》應繼分為繼承，由乙、丙、丁三人各自取得三分之一，則可以做「共有物型態變更」之登記，將乙、丙、丁三人在A地之應有部分權利範圍劃分為各自三分之一，不須另外訂定「遺產分割協議書」。

繼承人分割遺產的法律須知

李永然律師

一、多數繼承人繼承遺產成為「公同共有」

按國人於被繼承人死亡時,其遺產較受繼承人關注的除了「現金」外,就屬「不動產」;如繼承不動產而繼承人有數人時,在分割遺產前,各繼承人對於「遺產全部」為「公同共有」(《民法》第1151條);所以繼承不動產,多數繼承人在遺產分割前,也是「公同共有」(註1)。

而國人有因「已歷經數代繼承,年代久遠」、「繼承人間有爭議」、「年代久遠傳承多代,繼承人超多,致權利過少」、「應繼承土地由他人占用而非自己使用」……等原因(註2),而影響遺產分割及登記。

二、繼承人間可進行遺產分割

對於多數繼承人公同共有遺產,可以進行分割,為了避免將來不好管理、運用及處分起見,最好能儘速進行分割,至於分割方式分為:

(一)協議分割

繼承人得隨時請求分割遺產,除法律另有規定、「契約另有訂定」或「遺囑禁止遺產分割」(《民法》第1164條、第

1165條）。多數繼承人全體協議一致分割，即可成立「協議分割」。

● 協議分割書（註3）

立協議書人章甲、章乙、章丙等三人因被繼承人章文成於民國○○○年○月○日死亡，遺有不動產如下。

其遺產應由立遺產分割協議書人共同繼承，因被繼承人未有《民法》第1165條所定遺囑分割遺產之方法或託人代定及禁止分割等情事，為便於管理使用。準用《民法》第824條第3項：「以原物為分配時，如共有人中有未受分配，或不能按其應有部分受分配者，得以金錢補償之。」、《民法》第830條第2項：「公同共有物之分割，除法律另有規定外，準用關於共有物分割之規定。」、《民法》第1151條：「繼承人有數人時，在分割遺產前，各繼承人對於遺產全部為公同共有。」

經繼承人全體一致協議，將遺產分割如後：

財產種類	所在地或名稱	財產數量	持分	核定金額	備註
土地	台北市大安區○安段一小段○地號	○m²	1/4	○○	章甲繼承1/4
土地	台北市北投區○投段○地號	○m²	1/4	○○	章乙繼承1/4
土地	台北市萬華區○華段○小段○地號	○m²	1/4	○○	章丙繼承1/4
房屋	台北市大安區○安路○段○號	○m²	1/1	○○	章甲繼承1/1

財產種類	所在地或名稱	財產數量	持分	核定金額	備註
房屋	台北市北投區○投路○號		1/1	○○	章乙繼承 1/1
房屋	台北市萬華區○華路三段150號		1/1	○○	章丙繼承 1/1

立協議書人：章甲　章乙　章丙

中　華　民　國　○○○　年　○　月　○　日

◎繼承人蓋印鑑章及附印鑑證明

(二)裁判分割

若多數繼承人間無法協議一致，且無不能或禁止分割之情事時，即可向法院提起訴訟，訴請法院以裁判方式分割遺產。此屬於「家事事件的丙類事件」（《家事事件法》第3條）。

三、繼承人就遺產分割無法協議，應循「裁判分割」解決

如上所述，分割可分「協議分割」及「裁判分割」；所以進行分割時，可先由繼承人進行「協議」，如果「協議不成立」或「協議不能」，則可以向法院訴請「裁判分割」（註4）。繼承人向法院訴請裁判分割時，應注意下列法律事項。

四、繼承人間已成立協議分割卻拒不履行，要如何解決？

在說明法院裁判分割前，在實務上有繼承人已成立「協議

分割」，卻拒不履行，此時要如何解決？如成立「協議」，則共同繼承人即取得「履行協議之請求權」，此為「債權請求權」，繼承人可以向法院訴請「履行遺產分割協議之訴」（註5）；但如成立協議已超過「十五年」，又有拒不履行協議之繼承人提出「消滅時效」抗辯，而拒絕分割，則該履行協議分割之訴恐遭駁回，此時可另依《民法》第824條第1項：「……協議決定後因消滅時效完成經共有人拒絕履行者，法院得因任何共有人之請求……」的規定，訴請法院裁判分割。

五、訴請法院裁判分割的注意要點

其次，如進行法院的裁判分割訴訟，應注意以下三點：

㈠遺產分割訴訟的性質：向法院提出分割遺產的訴訟是「形成之訴」（註6），即裁判分割的結果，使共同繼承人間對遺產的公同共有關係變更為「單獨所有」，乃創設共同繼承人間的權利義務關係，自屬「形成之訴」。當事人提出分割方法僅供法院參考，法院不受其拘束（最高法院29年上字第1792號判例）。

㈡此訴訟為「固有必要共同訴訟」：全體共同繼承人必須於遺產分割訴訟中，列為「原告」或「被告」。例如：繼承人甲、乙、丙、丁四人，甲、乙要分割，丁反對分割，丙沒有意見；甲、乙固列為原告，甲、乙需問丙是否願為原告，如果不願任原告，甲、乙即應將丁及丙都列為被告。

㈢分割時還應注意「扣還」及「歸扣」。共同繼承人中如有對被繼承人負有債務，繼承人應於繼承開始時，先行「扣還

」；又於繼承人中有在繼承開始前，因「結婚、分居或營業」，已從被繼承人受有財產的贈與，則可依《民法》第1173條規定主張「歸扣」，將贈與價額，於遺產分割時，由該繼承人的應繼分中扣除（註7），除非被繼承人於生前贈與時有反對的意思表示。

六、結語

綜上所述，進行遺產的裁判分割，如果不懂時，務必找「專業律師」協助，切勿為省錢計，就上網自己找一些「司法狀例例稿」抄寫，倘致生訛誤後，恐造成日後自己之困擾！

註1：依法律規定，習慣或法律行為成一公同關係的數人，基於該「公同關係」而共有一物，即為「公同共有」。

註2：閒人編著：共有土地分割與繼承實務論述，頁13～14，2004年7月初版，復文書局出版。

註3：黃振國著：透視不產傳承繼承及遺囑權益實務，頁65，114年2月初版，永然法律研究中心出版。

註4：「協議不成立」乃指共同繼承人關於分割的方法意見不一致；「協議不能」乃指繼承人中有行跡不明、重病或共同繼承人之一人或數人占有遺產，而拒絕他繼承人的分割請求。

註5：林秀雄撰：〈遺產之裁判分割〉乙文，載台灣本土法學第7期，2000年2月出刊。

註6：戴東雄著：繼承，頁119，2006年5月初版一刷，三民書局發行。

註7：魏靜芳等人著：遺產分割與紛爭處理，頁144～146，1999年2月初版1刷，書泉出版社發行。

繼承人如何處理不動產？

李永然律師

繼承財產中較有價值者，一般為「不動產」；而我國因繼承而取得不動產物權者必須辦理「繼承登記」，始得處分其權利（《民法》第758條、第759條）。繼承人面對不動產的繼承該如何依法處理，才能確保自己的權益？

一、繼承人有數人時，可以單獨申請嗎？

我國《土地法》第73條第1項規定：「土地權利變更登記，應由權利人及義務人會同聲請之。其無義務人者，由權利人聲請之。其係繼承登記者，得由任何繼承人為全體繼承人聲請之。但其聲請，不影響他繼承人拋棄繼承或限定繼承之權利。」依前述規定，甲死亡，其有三筆土地由乙、丙、丁三人共同繼承，此時三人共同申請登記為三筆土地的「分別共有人」。如果乙、丙、丁三人交惡，不願共同申請時，僅由乙一人申請亦可，此時則會登記乙、丙、丁三人為三筆土地的「公同共有人」。

二、逾期申請登記，將受罰

繼承人必須儘快於期限內申請登記；逾期，即會受罰。因《土地法》第73條第2項規定：「前項聲請，……其係繼承登記者，得自繼承開始之日起，六個月內為之。聲請逾期者，每

逾一個月得處應納登記費額一倍之罰鍰。但最高不得超過二十倍。」故繼承人宜於期限內申請登記,切勿延宕。

> **注意!**
>
> 這些期限,要記住,千萬別逾期:
> 一、繼承登記必須在繼承開始之日起「六個月」內辦理。
> 二、繼承登記起過一年未辦理,在地政機關公告後「三個月」內辦理。
> 三、公告後三個月內仍未辦理繼承登記,會被列冊管理「十五」年。
> 四、未辦理登記之不動產被列管十五年仍未登記,會被標售,繼承人應於決標後「十日」內行使優先購買權。

三、延宕太久,還會遭列冊管理

　　遭受罰鍰後,而有自繼承開始之日逾「一年」未辦理繼承登記者,主管的地方政府地政機關於查明後,公告這些未辦繼承登記的繼承人應於「三個月」內申請登記;逾期仍未申請時,得由前述的地政機關予以「列冊管理」(參見《土地法》第73條之1第1項)。

　　繼承人於知悉公告時,應儘速前去辦理繼承登記,否則,

列冊管理超過「十五年」時，將遭公開標售，此由《土地法》第73條之1第2項規定：「前項列冊管理期間為十五年，逾期仍未聲請登記者，由地政機關將該土地或建築改良物清冊移請國有財產局公開標售。繼承人占有或第三人占有無合法使用權者，於標售後喪失其占有之權利；土地或建築改良物租賃期間超過五年者，於標售後以五年為限。」即可明白。

四、繼承人對於標售的不動產有「優先購買權」

又如繼承人繼承的不動產未申請登記而遭列冊管理，嗣後又被移請國有財產署公開標售，繼承人於知悉時，可否「優先購買」？按《土地法》第73條之1第3項規定：「……繼承人、合法使用人或其他共有人就其使用範圍依序有優先購買權。……」所以，繼承人享有「法定優先購買權」。繼承人行使前述優先購買權，應於決標後「十日」內行使；逾前述期限而未行使時，依法視為放棄（參見《土地法》第73條之1第3項但書）。

五、結語

綜上所述，繼承人繼承不動產，一定要辦理繼承登記，如不懂登記或繼承人間發生爭議而無法共同申請登記時，仍可先辦理登記為「公同共有」。

繼承人共同繼承不動產該如何處理？

李永然律師

一、繼承人繼承不動產可以協議分割

台灣因受Covid-19疫情影響，因染疫而死亡者不在少數，其繼承人即需面對被繼承人之遺產的繼承問題。被繼承人的遺產包括：汽車、其他動產、「不動產」、生前著作、商標、專利、銀行存款⋯⋯等不一而足。

繼承的遺產中，若有「不動產」，而被繼承人生前已立有生效的「遺囑」（註1），即可依「遺囑」中的交代進行遺產分割、分配；如果未立有遺囑，或遺囑未交代分割、分配，則繼承人們即應依法定「應繼分」（註2）辦理分別共有登記。

然實務上，繼承人有二人以上時，常因遺產的範圍認定、分配不均，致感情交惡，而不願全體一起配合辦理「分別共有登記」；此時如依《遺產及贈與稅法》第41條之1規定：「繼承人為二人以上時，經部分繼承人按其法定應繼分繳納部分遺產稅款、罰鍰及加徵之滯納金、利息後，為辦理不動產之公同共有繼承登記，得申請主管稽徵機關核發同意移轉證明書⋯⋯」。對於繼承人因部分繼承人不願配合辦理，導致登記為「公同共有之不動產」，嗣後該如何處理？

二、不動產之全部應納稅款應全部繳清，才能訴請裁判分割

　　首先對於部分繼承人已按其「法定應繼分」繳納「部分遺產稅款」，雖已取得主管稽徵機關核發同意移轉證明書，而因仍有部分繼承人尚未繳納部分遺產稅款，導致「未繳清全部應繳遺產稅款」，依《遺產及贈與稅法》第41條之1後段規定：「……該登記為公同共有之不動產，在全部應納款項未繳清前，不得辦理遺產分割登記或就公同共有之不動產權利為處分、變更及設定負擔登記。」；目前地政機關對於公同共有不動產登記時，會於「登記簿」上記載：未繳清應納稅款前，不得辦理遺產分割登記或就公同共有不動產權利為處分、變更及設定負擔登記（註3）。

　　因而繼承人如因無法協議分割因繼承而取得之不動產，欲向法院訴請裁判分割，也必須依法繳清應納稅款，才可進行。

三、繼承人依法透過裁判分割遺產，終止公同共有

　　其次，繼承人對於所繼承的遺產，在未分割前依《民法》第1151條：「繼承人有數人時，在分割遺產前，各繼承人對於遺產全部為公同共有」的規定，屬於「公同共有」，繼承人欲終止公同共有，即應依《民法》第1164條規定，請求分割，但如「法律另有規定者」，則不在此限。例如：《民法》第1165條規定，「被繼承人遺囑定有分割遺產分割方法，或託他人代定」、「遺囑禁止遺產分割」。

所以，繼承人想終止公同共有，而要向法院訴請裁判分割，於提起訴訟前，應注意是否有前述之情形存在。

至於訴請裁判分割，繼承人應了解此種訴訟屬於「形成之訴」（註4），而且是屬於「固有必要共有訴訟」，必須由同意分割的公同共有人一同起訴，擔任「原告」，且以反對分割或不願共同起訴的其他共有人全體為「共同被告」，當事人才適格（參見最高法院37年台上字第7366號判例）。

四、繼承人起訴，透過法院裁判分割，有哪些分割方法？

再者，關於進行公同共有之遺產的裁判分割，其分割方法，依《民法》第830條第2項規定，公同共有物的分割，除法律另有規定外，準用關於「共有物的分割」，其包括共有物分割方法及分割效力；因而關於「分割方法」準用《民法》第824條的規定，包括「原物分割」、「原物分配暨金錢補償」、「部分共有人原物分割、其他共有人金錢補償」、「變價分配」等分割方法。

關於提起共有不動產裁判分割，應注意以下三點：

㈠不動產分割「專屬管轄」案件，專屬不動產所在地之法院管轄（《民事訴訟法》第10條第1項）；但如果「分割遺產之訴」，則由繼承開始時被繼承人「住所地」的法院；被繼承人於國內無住所者，則由其在「國內居住所」的法院管轄（《家事事件法》第70條）。

㈡繼承人如提起分割共有物之訴，必須先完成「繼承登記

」，才能提起（因訴請分割，屬於「處分」行為）（《民法》第759條）。

㈢提起訴訟之原告固然可以提出分割之方法，法院應斟酌當事人的訴之聲明、共有物的性質、經濟效用等；然法院仍有自由裁量之權，而不受當事人之聲明、主張的分割方法拘束（註5）。

五、結語

綜上所述，繼承人對於遺產分割，原則上應注意「遺囑」中對於分割是否有交代，如果遺產未交代或協議分割不成時，則可以考慮向法院訴請裁判分割。

註1：「遺囑」為要式行為，必須注意法律所規定的方式（《民法》第1189條～第1195條）。

註2：關於繼承人的「應繼分」，請參見《民法》第1144條。

註3：參見黃偉政編：共有法令解析與分割分管應用實務（上），頁40，民國108年9月30日，永然文化公司發行。

註4：「形成之訴」乃指以訴訟程序行使「形成權」者，亦即請求法院確定「形成權」的存在，同時因「形成權」的行使，依訴訟程序，以判決宣告法律關係發生、變更或消滅之訴。參見陳志雄等編著：訴之聲明及其相關法律問題之實務案例介紹，頁498，2018年9月二版一刷，新學林公司出版。

註5：劉炳烽著：共有土地分割實務，頁185，2019年10月一版一刷，新學林出版股份有限公司出版。

繼承農業用地,有何應特別注意事項?

李永然律師

一、農業用地包括哪些?

被繼承人死亡留下遺產,其中如有農業用地繼續作農業使用,可以享有免徵遺產稅的優待,所以,繼承人應先認識「農業用地」。

所謂「農業用地」,指「非都市土地」或「都市土地」農業區、保護區範圍內,依法供下列使用的土地(參見《農業發展條例》第3條第10款):

㈠供農作、森林、養殖、畜牧及保育使用者。

㈡供與農業經營不可分離之農舍、畜禽舍、倉儲設備、曬場、集貨場、農路、灌溉、排水及其他農用之土地。

㈢農民團體與合作農場所有直接供農業使用之倉庫、冷凍(藏)庫、農機中心、蠶種製造(繁殖)場、集貨場、檢驗場等用地。

二、繼承作農業使用的農業用地,其土地及其上的農作物免徵遺產稅

我國《遺產及贈與稅法》第17條第6款前段規定,遺產中作農業使用的農業用地及其地上農作物,由繼承人或受遺贈人

承受者，扣除其土地及地上農作物價值的全數，免徵遺產稅。《農業發展條例》第38條第3項甚至鼓勵由「一人繼承」，所以特別規定：「……繼承人有數人，協議由一人繼承土地而需以現金補償其他繼承人者，由主管機關協助辦理二十年土地貸款。」。

三、承受農業用地之繼承人「五年」內要繼續作農業使用

繼承人如繼承農業用地，
可享受免徵遺產稅，
但必須保持繼續作農業使用。

如果承受人自「承受之日」起「五年」內，未將該土地繼續作農業使用，且未在「有關機關所令期限」內恢復作農業使用；或雖在有關機關所令期限內已恢復作農業使用而再有未作農業使用情事者，應追繳應納稅負。對於這點，有些繼承人常疏忽，致生被追繳遺產稅的情事。

此一規定，如發生未作農業使用被查獲，尚有「一次」補救機會，即只要在有關機關所令期限內恢復作農業使用，即不會被追繳應納稅負（註）。

四、具法定事由而變更非農業使用，也不會被追徵

繼承人同時也要了解《遺產及贈與稅法》第17條第6款但

書規定，如因遺產中之農業用地的「承受人死亡」、「該承受土地被徵收」或「依法變更為非農業用地」等，致未作農業使用時，也不會被追徵應納稅負。

五、結語

　　由以上說明，可知繼承人繼承遺產中如有農業用地時，一定要先研究相關法令，俾讓自己享有免徵遺產稅的好處，同時要注意別讓自己有被追徵應納稅負的情事。

註：羅友三著：友三的節稅錦囊，頁29～30，民國93年2月初版，信實稅務顧問股份有限公司出版。

第二篇

遺囑訂立
與遺囑信託

「遺囑」也是做好家族傳承的工具之一

李永然律師

　　規劃家族傳承也可以運用「遺囑」，近年來「家族傳承」的問題日益受企業家的重視，在台灣不乏企業家往生後，發生繼承人因為遺產繼承的爭訟，也有些子女於繼承後，在不到十年的光景就把家產敗光。現代企業家看到這些案例，當然不希望這種事會發生在自己往生之後；因而紛紛請教律師、會計師進行「家族傳承」的規劃。

　　進行「家族傳承」的工具，如：成立閉鎖性股份有限公司、訂定「家族憲章」、成立「家族信託」、設立公益信託、財團法人等慈善事業……或預立「遺囑」（註1）；所以「遺囑」已成為家族傳承規劃的工具之一。如：經營之神王永慶的遺孀「王月蘭」女士生前立有「密封遺囑」、長榮集團張榮發先生生前也立有「密封遺囑」……等等。

　　目前國人對於生前預立「遺囑」的觀念已經愈來愈能接受；想運用遺囑者不要誤以為拿張「紙」，自己親自書寫就可以，因為遺囑是「法律行為」，受《民法》繼承編相關規定規範，且是「要式行為」，必須具備「法定方式」（《民法》第1190條～第1195條）；倘違反法定方式，則遺囑構成「無效」（《民法》第73條）；因而筆者建議最好找「有經驗的專業律師」協助為宜。

不過筆者在本文中,並不想去探討各種遺囑(自書、代筆、公證、口授、密封)(《民法》第1189條)的訂定方式,而是立遺囑要如何決定其內容?

筆者執業已四十餘年,在執行律師業務為不少當事人做過遺囑相關的法律諮詢,也協助不少當事人訂立遺囑;訂立遺囑時,其內容相當重要。

一、被繼承人可以於遺囑中表示具有喪失繼承權事由的「特定繼承人」不得繼承

按繼承人如有《民法》第1145條第1項所列五款事由之一者,喪失繼承權。例如:《民法》第1145條第1項第5款規定:對於被繼承人有重大的虐待或侮辱情事,經被繼承人表示其不得繼承者,喪失其繼承權。所以,如果繼承人於被繼承人生前對被繼承人有「重大虐待或侮辱」,被繼承人可檢附「相關證據」,並於「遺囑」內聲明該繼承人喪失繼承權。

二、被繼承人可以於遺囑內訂下「遺產的分割方法」或委託他人代為定出遺產的分割方法(《民法》第1165條第1項)

被繼承人死亡時,遺產在分割前由各繼承人公同共有全部遺產(《民法》第1151條)。實務上,常有繼承人為遺產分割,無法成立「協議分割」,進而鬧進法院,訴請法院「裁判分割」(註2),當然繼承人間也因「訴訟」而更增添嫌隙;為了避免這種憾事,則不妨於「遺囑」內自行先安排好「遺產的分

割方法」，或委託「他人」代為訂定，例如：委託「專業律師或會計師」代為訂定。

三、被繼承人可以於遺囑內交代禁止遺產的分割

有些被繼承人於生前，對自己所創立的事業及家產，希望繼承自己的配偶及直系血親卑親屬或其他繼承人，不要分割遺產，並和睦相處，攜手合作；此時即可於遺囑內交代不得分割遺產，不過該禁止的效力，以「十年」為限；如交代「永遠不得分割」，則該禁止分割的效力也只能在「十年」內有其效力。

四、被繼承人可以於遺囑內「認領」其非婚生子女

有些企業家因身懷巨款，有時會在自己配偶以外，在外面有紅粉知己，但又因「懼內」或不願傷配偶的心，而隱匿「非婚生子女」，但自己總認為應該要讓「非婚生子女」能與自己成立法律上的「親子關係」，此時可以於「遺囑」內做成「認領」（註3）的表示。

五、被繼承人可以於遺囑對於「法定繼承人」以外的第三人為遺贈

被繼承人在自己一生中，除了自己的「法定繼承人」外，也有些人是自己所喜愛或有恩於己的人，被繼承人希望身後遺產可以讓非繼承人取得部分，此時可以於遺囑內為「遺贈」，對於遺贈尚應有以下三點認識：

㈠可以對該「遺贈」附上「停止條件」（《民法》第99條）；此時需條件成就，遺贈才會發生效力。

㈡可以將遺產中的房子、土地供「受遺贈人」使用；例如：甲立遺囑，為讓「小三」可以住在自己的房子，也可以於遺囑中交代（《民法》第1204條）（註4）。

㈢遺贈物因第三人侵權行為致滅失，受遺贈人仍可以該可對第三人的損害賠償請求權，作為「受遺贈標的物」（《民法》第1203條）。

六、被繼承人可以於遺囑內指定「遺囑執行人」或委託他人指定

立有遺囑，立遺囑人死亡，涉及遺囑的執行；此時須有「遺囑執行人」，被繼承人可以於遺囑內指定遺囑執行人或委託他人代為指定，此由《民法》第1209條第1項：「遺囑人得以遺囑指定遺囑執行人或委託他人指定」的規定即明。假設A立遺囑交代由其法律顧問李律師代為定遺囑執行人，A一旦死亡，李律師即受A先前委託，應即依《民法》第1209條第2項指定遺囑執行人，並於指定後通知各繼承人。

關於遺囑執行人，筆者再提醒以下三點：

㈠指定遺囑執行人不限於指定一人，可以指定數人，可就該數人列出「順位」或數人共同執行。

㈡遺囑執行人有「數人」共同執行時，執行職務以「過半數」決行；但「遺囑另有意思表示，則依從遺囑人的意思（《民法》第1217條）。

㈢如果立遺囑人未指定或委託他人指定遺囑執行人,且無法由「親屬會議」選定時,可以由「利害關係人」如:繼承人,聲請「法院」指定(《民法》第1211條)。

礙於篇幅為限,本文謹先就上述事項介紹,相信讀者應了解遺囑可以處理的內容相當地多,所以當然是「家族傳承」的重要工具之一。筆者提醒運用遺囑時,可以請「律師」或「律師與會計師」共同協助,俾助於完善周詳規劃預立遺囑。

註1:李永然律師等著:家族傳承規劃與遺產繼承法律手冊,頁3,民國110年10月,永然法律基金會出版。

註2:戴炎輝、戴東雄、戴瑀如合著:繼承法,頁135,2010年2月修訂版,自刊本。

註3:《民法》第1065條第1項規定:非婚生子女經生父認領者,視為婚生子女。經其生父撫育者,視為認領。

註4:《民法》第1204條規定:以遺產之使用、收益為遺贈,而遺囑未定返還期限,並不能遺贈之性質定其期限者,以受遺贈人之終身為其期限。

遺囑的方式

李廷鈞地政士

遺囑依照第《民法》1189條，有規範遺囑的方式（自書遺囑、公證遺囑、密封遺囑、代筆遺囑、口授遺囑），因遺囑為要式行為，必須依照法律方式才會發生效力（民73）。

一、自書遺囑

根據《民法》第1190條之規定，「自書遺囑」必須「自書遺囑全文」，並且在記名「年、月、日」之後「親自簽名」，如有「增減」、「塗改」應註明增減塗改的處所和字數，另行簽名。但必須注意的是，因為「自書遺囑」沒有經過任何見證、公證，僅能透過立遺囑人的筆跡判斷真偽，因此嚴格限制必須用書寫的方式作成，也是唯一一種不能用電腦打字方式製作的遺囑（法務部法律字第10103109870號、法務部104年法律字第10403509100號）。

自書遺囑看似簡便，但是因為立遺囑人需要親自書寫，對於台灣早期教育程度不高的年長者實屬不易；且無法用電腦打字，如果寫錯字需要增減塗改，還要另外註明並簽名，否則遺囑的效力就可能會受到影響。如果立遺囑人對法律的規定不熟悉，極有可能因未依照民法的方式致使遺囑無效（例如：未簽名、未註明年月日或是增減塗改未另行簽名等）。

二、公證遺囑

　　根據《民法》第1191條之規定，「公證遺囑」亦為法定遺囑方式之一，公證遺囑必須由立遺囑人指定二人以上的見證人，並且在「公證人」面前口述遺囑意旨，由公證人負責筆記、宣讀、講解並經過立遺囑人的認可，由公證人、見證人和立遺囑人同行簽名。

　　由於台灣早期教育程度不高，許多年長者不識字亦無法簽名，此時得由公證人記明確認本人之意思後，使其以指印代之。

　　無論是法院公證人或是民間公證人皆可辦理公證遺囑，如果立遺囑人不在國內，而當地有中華民國駐外辦事處或是使館，可由當地辦事處或使館人員為之。

三、密封遺囑

　　根據《民法》第1192條之規定，密封遺囑必須由立遺囑人於遺囑上簽名後將其密封，並於封縫處簽名、指定二人以上見證人向公證人提出。密封遺囑的內容不必親自書寫，如果非本人書寫必須將繕寫人姓名、住所提供給公證人，由公證人將立遺囑人所為之陳述、提出之年月日記明並由遺囑人和見證人同行簽名。

　　「密封遺囑」與「公證遺囑」最大之不同，在於公證人僅能確認此密封遺囑為立遺囑人所為之意思，並不了解其內容，由此可知，密封遺囑較公證遺囑有隱密性，既然都要找公證人

，立遺囑人不為公證遺囑而為密封遺囑自有其考量。值得一提的是，如果立遺囑人僅自書遺囑將其密封於信封之中，並未於封縫處簽名並交由公證人，雖不具備密封遺囑之要件，但該遺囑有沒有效力，仍應視該遺囑是否符合民法第1190條自書遺囑之要件而定（《民法》第1193條）。

四、代筆遺囑

根據《民法》第1194條之規定，遺囑人指定三人以上的見證人，得口述遺囑意旨由其中一人筆記、宣讀、講解，經遺囑人認可後，記明年、月、日和代筆人姓名，由見證人全體同行簽名，是為「代筆遺囑」。

代筆遺囑的優點至少有兩項：第一，程序簡便，不需要找公證人，節省立遺囑人立遺囑的花費。第二，代筆遺囑不需要由本人親自書寫，不會「簽名」者，也可以按「指印」代之，即使不會寫字或書寫有困難，只要意思表達清楚即可做成。

五、口授遺囑

除了前面介紹的四種遺囑方式，還有一種「口授遺囑」，相較於代筆遺囑更為簡便。口授遺囑只要有二位見證人，由遺囑人口述、其中一人筆記或是以製作錄音帶的方式即可做成（《民法》第1195條、第1196條）。但口授遺囑僅限於遺囑人因生命危急或其他特殊情形不能依其他方式為遺囑才能以這種方式做成遺囑，且原因消失後三個月內沒有另外做正式的遺囑，該遺囑即失去效力，因此實務上運用不多。

六、見證人資格

　　《民法》第1198條對於遺囑見證人的資格設有限制，主要是因為如果遺囑見證人表達或接收意思能力不健全、和繼承人之間有利害衝突，或是見證人和公證人之間關係過密影響公證的公信力，皆不適合。因此規定除了未成年人、受監護或受輔助宣告者不得擔任遺囑見證人之外，繼承人和繼承人配偶或直系血親、受遺贈人和其配偶或直系血親或是公證人的同居人、助理人或是受僱人，依法皆不得擔任遺囑見證人。

七、結語

　　遺囑雖然是「要式行為」，但《民法》規定的方式相當多樣，僅需符合其中一種方式，遺囑即為合法有效。為了確保將來發生繼承後，遺產能夠確實按照被繼承人生前的意思為分配，遺囑務必講求法律規定的方式及法律效力，以減少爭議。

　　「自書遺囑」雖然程序最為簡便，且僅需立遺囑人一人即可完成，但因為沒有經過見證或是公證，最容易偽造，也最容易被質疑而發生爭議。況且立遺囑人未必熟悉法律規定，如果全部自己一人完成，缺少第三人把關，容易犯錯使遺囑歸於無效。因此，為了避免將來發生爭議產生不必要的麻煩，建議採取「公證遺囑」的方式，或是找律師、地政士等專業人士協助做成「代筆遺囑」較為妥當，將來也比較不會有法律上的爭議。

●代筆遺囑1

　　立遺囑人王○○（身分證字號：S○○○○○○○○○）對於侄兒王△△（身分證字號：S○○○○○○○○○）自幼對王△△情同母子，互相扶持，王△△在我生病及生活都給我幫忙，為這份情感，我要將我自己所有名下○○市○○區○○路○段○○巷○○號○樓房屋及其坐落在○○市○○區○○段○小段○○-○○地號給予姪兒王△△。

　　我同時指定王△△為遺囑執行人。

　　以上是立遺囑人口述，並由代筆人趙○○（身分證字號：A○○○○○○○○○）依據立遺囑人所口述之內容並講解立遺囑人充分了解後，同時邀見證人錢○○（身分證字號：H○○○○○○○○○）、孫○○（身分證字號：A○○○○○○○○○）及代筆人趙○○三人為見證人。

　　本遺囑一式四份，由立遺囑人及見證人三人各執乙份。

　　立遺囑人：王○○
　　　身分證字號：S○○○○○○○○○　民國○○年○○月○○日生
　　　地址：○○市○○區○○路○段○○巷○○號○樓
　　見證人兼代筆人：趙○○
　　　身分證字號：A○○○○○○○○○　民國○○年

○○月○○日生

地址：○○市○○區○○路○段○○巷○○號○樓

見證人：錢○○

身分證字號：H○○○○○○○○○　民國○○年○○月○○日生

地址：○○市○○區○○里○鄰○○路○○號○樓

見證人：孫○○

身分證字號：A○○○○○○○○○　民國○○年○○月○○日生

地址：○○市○○區○○里○鄰○○路○○號○樓

中　華　民　國　○○○　年　○○　月　○○○　日

● 代筆遺囑2

立遺囑人劉○○（民國○○年○○月○○日出生，身分證字號：B○○○○○○○○○），今為本人未來往生後的財產繼承，特依《民法》的規定指定李甲律師、李乙地政士、王丙律師三人為見證人，並委由見證人之一王丙律師為代筆人，訂立遺囑的內容如下：

一、本人為避免將來辭世後，繼承人對於本人的遺產分配存有任何爭議，特委請代筆人代本人訂立本遺囑。

二、本遺囑是本人在精神良好的狀態下，按照本人自身的自由意願，且不受他人影響的情形下所訂立。

三、本人希望將來辭世後所遺留下的遺產，除於生前

贈與他人的財產外，扣除債務、相關政府稅負、規費、遺囑執行費用後，於繼承開始時（即本人辭世時）本人名下的遺產，應分配如下：

㈠本人所有門牌號碼為新北市○○區○○里○○路二段○○○號○樓之房屋及其所坐落基地，由本人的長女陳○○（身分證字號：A○○○○○○○○○）單獨繼承。

㈡本人所有金融機構及郵局帳戶中的定期及活期存款、現金、有價證券、基金、股票、債券、珠寶首飾等動產，於扣除應繳納之遺產稅、喪葬費及本人生前債務後，由本人的長女陳○○（身分證字號：A○○○○○○○○○）單獨繼承。

㈢本人的長女陳○○（身分證字號：A○○○○○○○○○）於本人辭世前逝世，陳○○因本遺囑可以分配的部分，概由本人的外孫女張○○（身分證字號：A○○○○○○○○○）單獨繼承。

四、本人指定本人之長女陳○○（身分證字號：A○○○○○○○○○）、連絡電話：09○○○○○○○）擔任遺囑執行人，其他有關遺囑執行及遺產繼承事宜，如有未盡事宜，全權委由遺囑執行人決定。

六、本遺囑壹式肆份，由立遺囑人執乙份，見證人暨遺囑執行人各執乙份為憑，並據以辦理繼承相關事項。

七、本人明瞭代筆遺囑在法律上之效果及民法關於特留分之規定，即於繼承開始時，其遺囑內容如有違反特留分的規定，相關繼承人得依法扣減之。

八、以上意旨，係依據立遺囑人劉○○口述，由見證人李廷鈞地政士代筆，並當場宣讀、講解，經立遺囑人認可同意，並記明年、月、日如後書立之。

　　立遺囑人：劉○○
　　　身分證字號：B○○○○○○○○○
　　　地址：○○市○○區○○路○段○○巷○○號○樓
　　見證人：李甲律師
　　　身分證字號：○○○○○○○○○○
　　　地址：台北市中正區羅斯福路二段9號7樓之2
　　見證人：李乙地政士
　　　身分證字號：○○○○○○○○○○
　　　地址：台北市中正區羅斯福路二段9號7樓之2
　　見證人兼代筆人：王丙律師
　　　身分證字號：○○○○○○○○○○
　　　地址：台北市中正區羅斯福路二段9號7樓之2

中　華　民　國　○○○　年　○　月　○○　日

企業家對生前預立遺囑應有認識

李永然律師

一、預立遺囑乃為減少繼承人間的紛爭

企業家透過一輩子的努力，累積了不少財產，而企業家逝世時，身後所遺留的財產，即為「遺產」；遺產即面臨繼承人的繼承。

按被繼承人先前未立有遺囑時，則適用「法定繼承」；如立有「遺囑」且符合法定方式，即具有法律效力，而應依遺囑內容處理遺產。所以，愈來愈多的企業家願意於生前預立遺囑，藉以減少自已逝世後繼承人間的遺產紛爭。

預立遺囑固有其優點，但因遺囑是白紙黑字，所以只有合乎法律要件，並且明確、正確，才能期待預防發生糾紛。究竟企業家生前預立遺囑，應有哪些認識？

二、寫出好遺囑的必要條件

首先，既然要預立遺囑，就應寫出一份好遺囑，筆者認為要有下述必要條件：

(一)符合法定方式

由於「遺囑」是「要式行為」，遺囑如欠缺法定方式，即

構成「無效」。遺囑有「自書」、「公證」、「密封」、「代筆」及「口授」等五種方式（《民法》第1190條～第1197條）。就以「自書遺囑」為例，其要件為：1.遺囑人必須自書遺囑全文；2.遺囑人必須記明年、月、日；3.遺囑人必須親自簽名（如有增減、塗改，應註明增減、塗改之處所及字數，另行簽名）（《民法》第1190條）。

㈡選擇合適的遺囑方式

各種不同方式的遺囑，各有其優缺點；例如：自書遺囑具有可嚴守秘密，且費用節省，作成簡便（不需見證人），但有其缺點，即易生爭議（如：爭議遺囑之真偽或隱匿遺囑……）。至於「公證遺囑」在方式的遵守、內容的真實及「證據力」的強大，遠勝於「自書遺囑」（註1）。所以，立遺囑人應按自己的情形，選擇合適的方式預立遺囑。

㈢注意遺囑的內容

遺囑為「法律行為」，其內容不得違反法律的強制或禁止規定（《民法》第71條），也不得違反公共秩序或善良風俗（《民法》第72條）。遺囑內容可分為五大類：

1.關於繼承的事項：

如繼承分額、指定遺產分割方法、遺產分割的禁止……等。

2.關於遺產的處分：

遺贈、遺囑信託、捐助成立財團法人……等。

3.關於身分的事項：

對私生子的認領、指定未成年子女的監護人……等。

4.關於遺囑執行的事項：

如指定或委託指定遺囑執行人、遺囑執行人的職務內容……等。

5.其他事項：

如器官捐贈、大體捐贈、喪禮儀式、埋葬的方法、地點……等（註2）。

(四)不得侵害「特留分」

我國《民法》第1223條規定繼承人的特留分，即「直系血親卑親屬」的特留分，為其應繼分的二分之一；「父母」的特留分，為其應繼分的二分之一；「配偶」的特留分為其應繼分的二分之一；「兄弟姐妹」的特留分，為其應繼分的三分之一；「祖父母」的特留分也是為其應繼分的三分之一。立遺囑人立遺囑時，不得侵害繼承人的特留分。

三、繼承人之特留分遭侵害時，該如何救濟？

其次，因如前述，被繼承人立遺囑時，不得侵害繼承人的特留分，如果立遺囑人不查，竟然有侵害繼承人的特留分時，該被侵害特留分的繼承人應如何救濟？

我國《民法》第1225條規定：「應得特留分之人，如因被繼承人所為之遺贈，致其應得之數不足者，得按其不足之數由遺贈財產扣減之。受遺贈人有數人時，應按其所得遺贈價額比

例扣減。」此為關於「扣減權」的規定，其性質屬於「物權的形成權」。如果被繼承人以遺囑為遺贈或應繼分的指定，致侵害繼承人的特留分，最高法院91年台上字第556號判決、99年度台上字第918號判決均認為，該繼承人均得行使特留分的扣減權，藉以保障繼承人的生活（註3）。

四、結語

綜上所述，企業家於生前可以預立遺囑，而立遺囑應把握以下四要點：㈠在冷靜、理性時寫。㈡只寫自己想做的事。㈢寫明立遺囑的意圖。㈣內容太複雜時，務必委請法律專家（註4）。同時在方式及內容方面也應注意上述所提的注意事項，相信這份遺囑於企業家過世後，必定可以發揮「定紛止爭」的功能，藉以防杜繼承人間發生無謂的爭議！

註1：王國治著：遺囑，頁74，2006年5月初版一刷，三民書局發行。

註2：第一東京辯護士會司法研究委員會編：遺言執行の法律と實務，頁10～12，平成2年4月25日4版發行，株式會社ぎょうせい發行。

註3：魏妁瑩等著：管好身後事有法寶，頁18～19，2016年4月初版第一刷，建智知識管理股份有限公司出版。

註4：山田美智子著、陳慧淑譯：不要留遺產給孩子，頁152～157，2016年5月初版1刷，城邦文化公司出版發行。

運用遺囑進行信託的法律須知

李永然律師

一、繼承遺產爭議不斷上演，令企業家苦惱！

許多企業家努力一輩子，積累不少財產，而企業家最怕自己死後，子女沒幾下就將這些財產揮霍殆盡，而成為人家嘲笑的「敗家子」，或繼承子女間為了遺產繼承分配而相持不下，進而打官司，搏媒體版面。

為了自己身後不要遇上這些事，生前妥善規劃誠有其必要，此時可運用「遺囑」生前規劃，甚至可以結合「信託」，而做「遺囑信託」。

遺囑信託如何才能合乎於法律規定？

二、何謂「遺囑信託」？

首先我國《信託法》第2條規定，信託，除法律另有規定外，應以「契約」或「遺囑」為之。後者即「遺囑信託」有別於「生前信託」，此種區別乃依是否生前生效為標準，「生前信託」（living trust）是信託契約於委託人的生前就已生效，至於後者「遺囑信託」（testamentary trust）乃委託人死後方能生效的信託，所以其「受益人」必非為了自己，而是趁自己一息尚存，以「書面」做好身後遺產的分配，俾其身後的繼承

人免於爭奪財產（註1）。

具體而言，「遺囑信託」是遺囑人以「遺囑」將其財產的全部或一部為「受益人」利益或特定目的而設立的信託，此種遺囑信託，為「單獨行為」。因此，遺囑人生前與他人訂立「契約」，以其「死亡」為「條件」或「始期」（註2）而設立的信託，不屬於「遺囑信託」；甚至在遺囑人死亡後，「繼承人」或「遺囑執行人」依「遺囑」，與受託人簽訂「契約」設立的信託，也同樣不是「遺囑信託」（內政部89年5月3日(89)台內中地字第8908199號函）（註3）。

三、遺囑信託更優於遺囑

國人運用「遺囑」的風氣已逐漸展開，因遺囑在資產傳承上扮演著非常重要的角色，透過「遺囑」可以解決立遺囑人身後其子女遺產分配的問題，雖然如此，但如果在遺囑中再加上「信託」的搭配，就是前面所述的「遺囑信託」，不僅可以安排家族資產分配及傳承，更可以達到資產永續及遺族照顧等目的（註4）。所以，筆者認為「遺囑信託」更優於「遺囑」。隨著國內信託相關法令的日益成熟，未來以「遺囑信託」取代「遺囑」，進行資產傳承子孫的情形將成為趨勢！

四、成立「遺囑信託」的法律須知及流程

立遺囑人想要設立遺囑信託，依筆者之經驗，應注意下列法律要點及流程：

(一)立好一份合乎法定方式的遺囑

由於遺囑信託是運用遺囑設立信託,所以必須遺囑合乎法定方式(註5),才不會被認定無效。

**而在各種遺囑方式,
如欲為遺囑信託,
以「公證遺囑」更佳!**

(二)遺囑信託需由立遺囑人表達信託的意願

立遺囑人須在遺囑內表達欲將財產交付信託的意願,且說明信託財產如何管理等細節(註6),如:信託財產、信託期間、受益分配、信託監察人⋯⋯等。

(三)指定遺囑執行人

為避免繼承人拒不配合辦理移轉信託財產,委託人最好在遺囑信託成立時,同時指定「遺囑執行人」,但不得指定未成年人、受監護或輔助宣告之人為遺囑執行人(《民法》第1209條、第1210條)。

(四)遺囑信託的流程

設立遺囑信託其流程不外:1.訂立遺囑(包括指定遺囑執行人);2.遺囑於立遺囑人死亡時生效;3.「遺囑執行人」赴國稅局申報遺產稅並繳納稅賦;4.「遺囑執行人」將遺產交付

「受託人」；5.受託人管理信託財產並依立遺囑人所訂之分配方式將受託利益交付「受益人」（註7）。

五、結語

綜上所述，運用遺囑信託確實優於單純立遺囑，國人對遺囑信託較為陌生，筆者特藉本文予以剖析，俾利於國人熟悉並運用。

註1：陳福雄著：信託原理，頁44～45，2003年3月初版，華泰文化事業股份有限公司發行。

註2：法律行為可以附「條件」（《民法》第99條～第101條），條件則分「停止條件」、「解除條件」，也可以附「期限」（《民法》第102條），期限分「始期」、「終期」。

註3：蕭善言、封昌宏共同彙編：信託法及信託稅法最新法令彙編，頁58，2016年2月初版，財團法人台灣金融研訓院發行。

註4：羅友三著：百年信託，頁172，2011年6月出版，自刊本。

註5：我國《民法》繼承編規定遺囑有自書、代筆、公證、密封及口授等五種方式（《民法》第1189條）。

註6：蘇家宏律等著：輕鬆寫遺囑，繼承無煩惱，頁157，2011年1月出版，宏典文化公司出版。

註7：羅友三著：前揭書，頁177。

成立遺囑信託，要課徵遺產稅嗎？

李永然律師

　　國人愈來愈重視身後遺產的處理，被繼承人如於生前想將財產做好符合自己意思的規劃，可以運用「立遺囑」的方式。

　　現又有《信託法》關於信託的規定，國人可將遺囑與之結合，而利用「遺囑信託」。

　　「信託」是指委託人將財產權移轉或為其他處分，使受託人依信託本旨，為受益人的利益或為特定之目的，管理或處分信託財產的關係。

　　至於遺囑信託，乃指委託人以遺囑方式設立信託者，稱之。例如：甲有一配偶乙，並有二子女甲一、甲二，甲有財產新台幣三千萬元，甲希望自己死後，乙、甲一、甲二各有三分之一的權利。但甲擔心繼承人取得遺產立即花光，於是利用遺囑方式，由幸福銀行擔任「受託人」，並保管甲所立的遺囑。甲在遺囑中交代上述三千萬現金以「定期存款」方式成立信託，且於其死亡後每年將三百萬元平均分配交付予其繼承人乙、甲一及甲二三人。

　　甲利用遺囑信託，即可達到免於繼承人一旦於甲死後立即花光遺產的風險。

　　明白遺囑信託的好處之後，接著談到成立遺囑信託是否要繳納遺產稅。按《遺產及贈與稅法》第3條之2第1項規定，因

遺囑成立的信託，於遺囑人死亡時，其信託財產應依本法規定，課徵遺產稅。由上述規定可知遺囑信託仍須注意「遺產稅」的繳納。就以前述案例而言，甲以三千萬元現金成立遺產信託，自應以上述財產申報繳納遺產稅。

當然納稅義務人還是可以將「扣除額」（註1）、「免稅額」（註2）扣除後，「課稅遺產淨額」依所適用之稅率計算應納稅額繳納遺產稅。最後還要提醒的是「稅率」的問題。

例如：114年公布的規定，遺產淨額在新台幣5,621萬元以下者，課徵百分之十；遺產淨額超過新台幣5,621萬元至1億1,242萬元者，課徵500萬元加超過5,621萬元部分之百分之十五；遺產淨額超過新台幣1億1,242萬元者，課徵1,250萬元，加超過1億1,242萬元部分之百分之二十。

提醒要運用遺囑信託者，還是要注意「遺產稅」，並做好節稅規劃。

註1：「扣除額」列於《遺產及贈與稅法》第17條。
註2：「免稅額」列於《遺產及贈與稅法》第18條。

第三篇　借名登記法律實務

對於不動產借名登記應有的法律認識

李永然律師

一、台灣民間常有借用他人名義登記不動產的情事

按「不動產」包括：土地及其地上物，其財產價值甚高，而我國《民法》第758條規定：不動產物權的取得、喪失、移轉或變更，非經「登記」不生效力。

國人購買不動產，有些人會基於以下各種不同的原因，例如：承受資格、節稅考量、對外負債隱匿財產……等，而借用自己所信任的親屬、朋友、員工、同事……等人「名義」，進行「不動產物權登記」，而自己則仍對該不動產為管理、使用、收益、處分；這在目前司法實務見解認為是「不動產借名登記契約」。

不可諱言，倘「借名人」所找的「出名人」的信用不佳，或「出名人」突然身故，即可能引發法律上的糾紛，又欲運用借名時，「借名人」應注意不動產借名的相關法律規定，俾保障自身權益。

二、借名人可用一些法律措施，確保權益

首先借名人要把不動產借用他人的名義登記，基於我國最高法院於民國106年2月14日以106年度第3次民事庭會議決議，

認為「出名人」如果擅自將登記於名下的不動產未經「借名人」的同意而處分,其法律效力是採「有權處分說」,該說認為借名登記契約是「出名人」與「借名人」間的「債權契約」,其效力不及於「出名人」、「借名人」以外的「第三人」;出名人既然登記為不動產的所有權人,則其將該不動產雖未得「借名人」同意而移轉於第三次,仍屬「有權處分」。

因為上開實務見解,導致對借名人造成相當高的法律風險,所以借名人一定要採取「法律」的「保護措施」;諸如:

(一)訂立「書面」的借名契約;

(二)自行保管「所有權狀」;

(三)設定「抵押權」或辦理「預告登記」(註1)。

三、出名人死亡,出名人名下的不動產會成為出名人的「遺產」嗎?

其次,「不動產借名契約」實務上認為是「債權契約」、「無名契約」,其法律性質依最高法院103年度台上字第2405號判決認為:此種契約其成立側重於類似「借名人」與「出名人」間的「信任關係」,故應類推適用《民法》中「委任契約」的相關規定(註2);如果「出名人」死亡時,依《民法》第550條前段規定,該借名關係即行終止,借名人可以向出名人之繼承人們請求繼承人們負有移轉所有權的義務;如果出名人之繼承人們拒絕履行,則借名人務必提起「民事訴訟」,訴請移轉不動產所有權。

四、借名人如果要結束與出名人的借名關係,可否隨時終止?

再者,借名人借名了一段時間,想要結束與出名人間的借名關係,可以隨時行使「終止權」;因為如前所述,借名不動產契約類似「委任關係」,可以類推適用《民法》中「委任契約」的規定;此時,可依《民法》第549條第1項:「當事人之任何一方,得隨時終止委任契約……」。行使「終止權」時,可以用「郵局存證信函」或「律師函」;一旦終止後,借名人即享有對於出名人之「所有權移轉登記請求權,該請求權為「債權請求權」,適用《民法》第125條「15年」的「消滅時效」,且此一時效係自「借名登記契約終止」時起開始起算(最高法院106年度台上字第262號判決)。

五、結語

不動產借名登記的紛爭,在目前實務上日益增多,借名人想把不動產借用他人名義登記,一定要事先想清楚,除找值得信賴的對象外,還做好必要的法律措施,如果不瞭解時,更要找「專業」「負責」的律師協助為宜,方不致因疏忽而埋下紛爭的種子,導致日後損及自身權益或造成無謂的困擾。

註1:「預告登記」是為了保全他人對於不動產的請求權,因此所有權人的不動產如果被「預告登記請求權人」做設定之後,要「移轉」所有權或「設定」其他權利,就必須經過「預告登記請求權人」的同意,參見李廷鈞撰:〈不動產預告登記是什麼?如何運用「預告登記」保障

權益？〉乙文，載黃斐旻律師主編：《傳富子孫，不留糾紛——家族傳承、遺產繼承與家事事件法律手冊》，頁27，民國113年5月永然法律基金會出版。

註2：李永然律師撰：〈不動產借名登記及其紛爭的解析〉乙文，載《借名登記、信託與家族傳承規劃法律手冊》，頁3，民國112年10月，永然法律基金會出版。

不動產借名登記及其紛爭的解析

李永然律師

一、台灣民間對於不動產廣泛地運用「借名登記」

我國《民法》中雖然沒有「借名登記契約」的規定，但實務上民間常運用「借名登記契約」。

所謂「借名登記契約」，是當事人間相互約定，一方（借名人）以他方（出名人）名義登記為特定財產的權利人，但仍保留特定財產的使用、收益及處分權限，他方允為擔任特定財產之權利登記名義人的契約（註1）；這種契約的性質是「債權契約」。過去《土地法》未修正前的第30條規定限制農地的承受人必須有「自耕能力」，也常見私有農地買受人無自耕能力，而指定有自耕能力的第三人為登記名義人，買受人常主張其與第三人間有「信託契約」（註2），最高法院62年台上字第2996號判例也認為「信託人（即委託人）將財產所有權移轉與受託人，使其成為權利人，以達到當事人間一定目的之法律行為」即為「信託契約」。

借名登記契約在台灣民間社會常被採用的原因，不外：「規避法律上有關取得不動產物權的資格限制」、「避免稅捐負擔的加重」、「基於身分關係所為的財產配置」、「為避免債權人將來可能的強制執行」、「為隱藏借名人的財產狀態資訊

」……等（註3），不一而足。

二、不動產借名登記的法律性質及其效力

首先談到不動產借名登記契約的法律性質，其屬於「債權契約」、「無名契約」本無疑問，而其性質最高法院103年度台上字第2405號判決認為：借名登記契約其成立側重於借名人與出名人間的信任關係，性質與「委任關係」類似，應類推適用《民法》「委任契約」的相關規定（註4）。

因為類推適用「委任」契約規定，所以應注意以下三點：

(一)出名人或借名人的任一方得隨時終止借名登記契約（《民法》第549條第1項）。

(二)借名登記關係，因出名人或借名人的任一方死亡而消滅（《民法》第550條前段）。

(三)借名登記關係終止或消滅時，借名人可以向出名人或其繼承人請求將不動產所有權移轉登記，此為「債權請求權」，適用《民法》第125條一般消滅時效「十五年」的規定。

其次就借名登記契約效力而言，目前實務見解朝向其「有效性」的方向解釋，亦即只要其內容不違反法律強制、禁止規定或公序良俗者（《民法》第71條、第72條），即應賦予其法律上的效力（註5）。

三、出名人處分借名登記不動產的效力

再者，在不動產借名登記常生爭議的問題，是有關出名人違反「借名登記契約」，而處分借名登記的不動產，實務上有

不同的見解，即：

(一)有權處分說

該說認為不動產借名契約為借名人與出名人間的債權契約，屬於出名人與借名人間的內部約定，其效力不及於第三人，借名人未經出名人同意，將不動產移轉於第三人，出名人既登記為該不動產的所有權人，其將該不動產處分移轉登記予第三人，自屬「有權處分」。

(二)原則上有權處分，例外於第三人「惡意」時為「無權處分說」

該說認為此一處分原則上為有權處分，但如果第三人為「惡意」時，才例外為「無權處分」。

(三)無權處分說

出名者違反借名登記契約的約定，將登記的財產為物權處分者，對借名者而言，即屬「無權處分」，除相對人為善意的第三人，應受「善意受讓」或信賴登記的保護外，如受讓之相對人係惡意時，自當依《民法》第118條無權處分的規定而定其效力，以兼顧借名者的利益。

最高法院對於上述問題，即針對實務上的三說，於民國106年2月14日以106年度第3次民事庭會議決議，採第一說即「有權處分說」。

實務上既有此見解，借名人於進行不動產借名登記時，一

定要更謹慎並採防範措施,例如:「預告登記」……等,俾免所託非人。如果不幸遭到出名人未經自己同意而處分移轉登記於第三人時,則可追究民事、刑事法律責任。刑事方面,出名人已涉犯《刑法》第342條背信罪,法定本刑為五年以下有期徒刑、拘役或科或併科五十萬元以下罰金。

四、結語

綜上所述,台灣民間針對「不動產借名登記契約」運用甚多,但民眾往往並不瞭解其法律性質、法律效力及相關爭議的解決方法,筆者謹透過本文剖析與讀者分享,盼民眾日後能更謹慎且正確地運用,俾保自身權益。

註1:林誠二撰:〈由借名登記契約論不動產物權變動登記之效力〉乙文,載《法學的實踐與創新(上冊)》,頁402,民國102年7月31日初版一刷,陳猷龍教授六秩華誕祝壽論文集編輯委員會出版。

註2:詹森林著:《民事法理與判決研究(二)》,頁308,2003年4月初版第1刷,自刊本。

註3:林誠二撰前揭文,載《法學的實踐與創新(上冊)》,頁403~404。

註4:吳任偉律師撰:〈「借名登記」法律關係何時終止?是否會因當事人一方「死亡」而消滅?〉乙文,載李永然律師等著:《房地產買賣借名繼承與贈與法律手冊》,頁47~48,民國107年8月出版。

註5:林誠二撰前揭文,載《法學的實踐與創新(上冊)》,頁411。

成立不動產借名登記及終止借名要求返還時，應注意的法律要點

李永然律師

一、何謂不動產借名登記契約？

所謂「借名登記契約」，實務上通常是指「當事人約定一方將自己之財產以他方名義登記，而仍由自己管理、使用、處分，他方允就該財產為出名登記之契約。」，依法院實務上近年來的見解，均承認其效力（最高法院91年台上1871號、同院92台上1054號、同院94台上362號判決可資參照）。「借名」常運用於不動產登記，此即「不動產借名登記契約」。

由於借名登記其成立主要側重於「借名者」與「出名者」二人間之信任關係，其間的契約性質，應與「委任契約」同視，亦即如其內容不違反法律的強制、禁止規定或公序良俗者，當然即賦予「無名契約」的法律上效力（《民法》第71條、第72條），並依《民法》第529條規定，適用《民法》中「委任」之相關規定，此可參考最高法院99年度台上字第1662號及同院98年度台上字第990號判例意旨。

● 借名契約1

立契約書人：○○○（以下簡稱：甲方）

△△△（以下簡稱：乙方）

一、甲方將上述房子借用乙方名義登記於乙方名下，甲方並無贈與該房子所有權予乙方之意。

二、甲方自行管理該房子，並自行保管房屋及土地所有權狀。

三、房子之房屋稅、地價稅由甲方自行負擔並繳納。

四、甲方得隨時終止該借名登記，一旦終止時，乙方即應將該房子所有權移轉於甲方名下或甲方所指定之第三人名下，乙方不得藉故遲延。

五、其餘未約定事由，雙方同意依《民法》及誠信原則解決。

立契約書人：
　甲方：○○○
　乙方：△△△
中　華　民　國　○○　年　○○　月　○○　日

二、成立不動產借名登記契約時，應注意哪些要點？

由於「借名登記」既然是當事人之一方將財產在名義上移轉於他方後，而仍由自己管理、使用、處分。於成立時，為能證明對於「財產」係屬不動產借名登記的法律關係，即應注意以下兩點，才能保障權益，並免無謂爭議：

(一)保存各項證明文件

諸如：買賣契約、出資證明（包括匯款單據、支票、收款簽收單據）、繳納地價稅與房屋稅單據、保管不動產所有權狀正本、繳納予貸款銀行之匯款單據等。

(二)簽立不動產借名登記契約或出名者出具不動產借名登記的聲明書

1.由於「借名登記」側重於借名者與出名者間的合意，故而縱然有出資證明，但也可能事後遭出名者主張係贈與或其他事由。況且，關於不動產登記當事人名義的原因甚多，故而主張借名登記者，應就該借名登記之事實負舉證責任（此有最高法院107年度台上字第629號民事判決可參）。因此，為免於舉證困難或出名者之繼承人不承認該借名登記，宜請出名者出具不動產借名登記的「聲明書」或借名者與出名者間簽立書面的「借名登記契約」。

2.因借名登記關係常有因直接證據缺乏，而陷入難以舉證的困境，而我國《民事訴訟法》對證據的要求並不以「直接證據」為限，故對於借名登記契約的舉證，最高法院98年度台上字第1048號民事判決要旨就借名登記存在之事實，放寬借名登記契約成立之舉證責任範圍，如無法舉證主張借名登記所須具備之特別要件（例如雙方間之合意）時，如能舉證證明間接事實，且該事實與要件間，依「經驗法則」及「論理法則」已足推認其因果關係者也可以，不以「直接證據」為必要，依民事

舉證責任的原則即可認定借名登記契約關係成立。

● 借名契約2

立借名契約書人○○○（以下簡稱甲方）、△△△（以下簡稱乙方），茲同意簽立本契約，並約定如下：

一、甲方有子女二位，其中包含乙方及兒子○○○，兒子○○○對甲方非常不孝，無法取得甲方之信任，至於乙方極為孝順、甚為貼心，深得甲方之信任。

二、甲方目前有需要利用銀行帳戶之需要，特取得乙方之同意，並已經以乙方名義開立「○○商業儲蓄銀行○○○分行○○○」帳戶。乙方同意將前揭帳戶之存摺及開戶印章交由甲方保管及使用，絕無異議（印文　　）。

三、乙方自立本契約後均不得違背本契約之約定，日後甲方如有需要乙方之配合，乙方不得藉故拒絕，倘乙方違反約定，願負損害賠償責任。

四、如有因本借名契約，造成乙方稅賦負擔，甲方須負責任。

立契約書人
　甲方：○○○
　　身分證號碼：
　　地址：新北市○○區○○路○○號
　乙方：△△△
　　身分證號碼：
　　地址：新北市○○區○○路○○號

中　華　民　國　〇　〇　年　〇　〇　月　〇　〇　日

三、終止借名契約的請求返還應注意事項

另外，借名人與出名人間如終止不動產借名登記，而欲請求返還不動產時，在法律上也應注意以下兩點：

(一)請求權消滅時效

1.借名登記契約，其成立既係側重於借名者與出名者間之信任關係，性質與「委任關係」類似。故而當事人之任何一方，得隨時終止委任契約；至於當事人一方死亡、破產或喪失行為能力，委任關係也消滅。繼承人自繼承開始時，除本法另有規定外，承受被繼承人財產上之一切權利、義務。《民法》第549條第1項、第550條及第1148條第1項分別定有明文。因此，如當事人一方終止借名登記或一方死亡，渠等間的借名登記法律關係即告消滅。此際，借名者或其繼承人自可根據借名契約消滅後的借名標的物返還請求權請求出名者或其繼承人返還該標的物。

2.至於請求權的行使，應注意《民法》第125條：「請求權，因十五年間不行使而消滅。……」的規定。再者，請求權的消滅時效，應自原債權的請求權可行使時起算；所謂請求權可行使時，係指權利人得行使請求權之狀態，其行使請求權無法律上之障礙，不包括事實上之障礙在內（最高法院63年台上字第1885號判例意旨可資參照）。

(二)請求返還借名登記標的物的行使權人

　　如不動產係借名人出資購買，以出名人名義登記，而借名人與出名人間借名登記之關係，於借名人死亡時消滅，該不動產依法即應為借名人的遺產，為其全體繼承人所「公同共有」。依《民法》第828條準用同法第821條規定，各共有人對於第三人，得就共有物之全部為本於所有權的請求；但回復共有物的請求，僅得為「共有人全體的利益」為之。

四、結語

　　綜上所述，不動產借名登記契約在國內常見，近年來這方面的法律爭議也不少，為了防止無謂的爭議，以及終止後，能順利請求返還不動產，筆者謹剖析如上，供參酌運用。

借名登記之不動產回復予借名人的移轉登記

李廷鈞地政士

所謂的「借名登記」契約,是指雙方約定其中一方將自己財產以他方名義作為登記,但實際上仍由自己管理、使用、收益及處分的一種「契約行為」,在不動產實務上相當常見,借名不動產常存在於親人、友人……間。

實務上「借名登記」也常常會遇到法律爭議,由於當事人之間基於信任關係,往往僅有「口頭」約定,而未訂立「書面」,隨著時間經過,往往出現「出名人」,甚至其後代,翻臉不認帳的事情產生。除了合意返還之外,於終止借名契約,要求返還,出現爭議時,往往就要透過法院訴請登記名義人返還該不動產。

順利的,是在提起民事訴訟後,法院移調,雙方成立「調解筆錄」,或是提起訴訟後,在法院成立「和解」,雙方簽訂「和解筆錄」。較不順利的,則是在纏訟後,歷經審級訴訟,最後由法院做出判決,並判決確定。

在「借名人」取得「調解筆錄」、「和解筆錄」或法院確定判決,希望取回不動產所有權,仍須辦理所有權移轉登記(《民法》第758條、第759條)。在辦理登記時,應下述問題:

一、辦理借名登記返還應繳納之稅捐

透過借名登記返還的法院判決，因為並非經過雙方當事人意思表示一致而成立，性質與一般買賣、贈與之契約不同，因此非屬「印花稅」規定之課徵範圍。但如果是經過法院或是鄉鎮市公所調解委員會所做成的和解、調解筆錄、調解書，因為經過當事人合意，因此就必須報繳依照土地公告現值、房屋評定現值千分之一的印花稅。

　　此外，因為借名登記返還，如果有涉及土地所有權移轉的情形，也是要報繳「土地增值稅」，不過土地增值稅的當期移轉現值，是以向法院提起民事訴訟之「起訴日」為起算點，而非原因發生日。

　　借名登記返還的確定判決或是調解筆錄、調解書、和解筆錄，也不屬於《契稅條例》第2條規定：「不動產之買賣、承典、交換、贈與、分割或因占有而取得所有權者，均應申報繳納契稅。」之情形，因此無須報繳「契稅」。

二、不動產登記應備文件及注意事項

　　借名登記返還如果是透過法院確定判決，屬於判決移轉，不動產登記原因為「判決移轉」，需附上完整各審級之法院判決書、法院判決確定證明、登記清冊，並報繳「土地增值稅」後，查無欠稅，即可進行申請所有權移轉登記。因為「判決移轉」屬於《土地登記規則》第27條第4款：「因法院、行政執行分署或公正第三人拍定、法院判決確定之登記。」因此僅需「勝訴之一方」（即權利人）單方提出申請，而不必會同登記名義人（出名人）共同申請；原因發生日登記為「判決確定日

」。

　　如果是屬於和解筆錄、調解筆錄、調解書等原因移轉,登記原因為「和解移轉」、「調解移轉」,至於其原因發生日,則為和解或調解成立之日。

不動產預告登記是什麼？如何運用「預告登記」保障權益？

李廷鈞地政士

依《土地登記規則》第136條規定、《土地法》第78條第8款所稱「限制登記」，謂限制登記名義人處分其土地權利所為之登記。限制登記其實是一種統稱，限制所有權人或他項權利人做任何的異動。限制登記的種類有很多，包含預告登記、查封、假扣押、假處分和破產登記等等。

「預告登記」是為了保全他人對於不動產的請求權，因此所有權人的不動產如果被預告登記請求權人做設定之後，要移轉或是設定其他權利，就必須經過預告登記請求權人的同意，由預告登記請求權人出具同意書，才能為之。辦理預告登記權利人也就是預告登記的請求權人需準備身分證正本、印章，而義務人也就是不動產的所有權人、屋主須準備身分證正本、土地建物權狀正本、印鑑章、印鑑證明，至地政事務所辦理登記。地政事務所設定的期間約兩天，設定完成後，可以從建物、土地謄本的「所有權部」的「其他登記事項欄」看到，具有公示效力。

常見的預告登記運用，比較常見的是父母出資幫子女購置房地產，但子女年紀尚輕、涉世未深，擔心子女拿不動產去設

定抵押或是變賣，因此可以運用預告登記的方式，由父母當預告登記的請求權人，保護子女的財產不會任意被移轉。同理，夫妻之間如果由一方出資登記不動產在他方名下的情形，可以適用。

反過來說，如果是父母年紀稍大逐漸有失智或是被詐騙的風險，子女也可以幫父母在不動產上做「預告登記」，將來父母的不動產如果要移轉，就必須經過子女的同意，才不會讓父母的不動產成為第三人覬覦的標的。

另外，如果有借名登記的情形，例如：利用別人的人頭去做不動產投資，實際上出資者為了防止人頭不受控制地去移轉或是設定不動產權利，通常也會利用預告登記的方式，將不動產預告登記給真正的出資者，以保障出資者的財產權利。

以上主要就是預告登記的介紹和運用，隨著台灣房價日益高漲，如何保障不動產的權利越來越重要，如果民眾將來遇到類似情形，可以考慮使用「預告登記」的設定來保障自己對於不動產的權益。

第四篇

遺產稅申報
與節稅實務

誰是遺產稅納稅義務人？遺產稅申報期限、申報地及所需文件為何？

李廷鈞地政士

遺產稅的納稅義務人有哪些？依據《遺產及贈與稅法》第6條第1項規定，遺產稅的納稅義務人如下：一、有「遺囑執行人」者，為遺囑執行人；二、無遺囑執行人者，為「繼承人」及「受遺贈人」；三、無遺囑執行人及繼承人者，為依法選定「遺產管理人」。

因此，如果遺囑裡訂有遺囑執行人時，遺產稅應由遺囑執行人負責代繳，因為遺囑執行人為繼承人的代理人。如果沒有遺囑或遺囑裡沒有訂明遺囑執行人時，則應該由《民法》第1138條所定的「法定繼承人」負責繳納，依據《民法》第1138條的規定，遺產繼承人，除「配偶」外，依下列順序定之：一、直系血親卑親屬；二、父母；三、兄弟姊妹；四、祖父母。而受遺贈人為遺囑內所訂得為分配遺產之人，因此也是納稅義務人之一。

遺產稅的申報期限，依據《遺產及贈與稅法》第23條的規定，被繼承人死亡遺有財產者，納稅義務人應於被繼承人死亡之日起六個月內，向戶籍所在地主管稽徵機關依本法規定辦理遺產稅申報。

由上述條文可知，在被繼承人死亡的「六個月」內，納稅義務人必須向被繼承人戶籍所在地的國稅局申報遺產稅，例如被繼承人生前戶籍在台北，就向台北國稅局申報遺產稅。

如果無法如期申報，可以依照《遺產及贈與稅法》第26條之規定，以書面向稽徵機關申請延期申報，申請延長期限以三個月為限。但因不可抗力或其他特殊事由，可以由稽徵機關視實際情形核定延長期限。

遺產稅的申報，必須填具遺產稅申報書，並且備妥被繼承人的除戶謄本和繼承人的身分證影本或戶籍謄本，並且製作繼承系統表。如果委託他人申報者，則必須出具委託書。

請參考下列表格準備申報遺產稅所需資料：

應備文件	說明
遺產稅申報書	應由納稅義務人簽章（委任他人代辦者，應加蓋受任人章）
被繼承人除戶謄本	備具死亡證明到戶政事務所申請
繼承人資料	戶籍謄本正本或戶口名簿影本或國民身分證影本三擇一
繼承系統表	須切結
拋棄繼承法院准予備查的公文影本	繼承人中有拋棄繼承權或限定繼承時需要
被繼承人死亡日之公告現值證明	申報土地遺產需要，向地政事務所申請
死亡當期的房屋稅單影本或房屋所在地主管房屋稅之稅捐稽徵處出具之房屋評定現值	申報房屋遺產需要

應備文件	說明
被繼承人死亡日之存款餘額證明書或存摺影本或存單影本	申報存款遺產需要
檢附被繼承人死亡日持股餘額證明或集保存摺影本	申報上市、上櫃及興櫃公司股票遺產需要
檢附被繼承人死亡日持股餘額證明及該公司在被繼承人死亡日或死亡前一個月內之資產負債表及損益表	申報未上市、未上櫃公司股票遺產需要
載有結婚登記日期之戶籍謄本、夫妻雙方財產及債務明細表、請求權計算表及相關證明文件	《主張》民法第1030條之1剩餘財產差額分配請求權扣除者需要
稽徵機關發給之遺產稅繳清證明書影本	「再轉繼承」案件，主張不計入遺產總額課稅或依比率扣除者需要

遺產稅課徵範圍為何？其財產價值如何計算？

李廷鈞地政士

我國的《遺產及贈與稅法》對於遺產稅課徵範圍採「屬人主義」為主、「屬地主義」為輔，依據該法第1條的規定，遺產稅課徵範圍包括：

一、凡經常居住中華民國境內之中華民國國民死亡時遺有財產者，應就其在中華民國境內境外全部遺產（屬人主義）課徵遺產稅。

二、經常居住在中華民國境外之中華民國國民及非中華民國國民，死亡時在中華民國境內遺有財產，應就其在中華民國境內之遺產，課徵遺產稅（但必須注意的是死亡事實或贈與行為發生前二年內，被繼承人或贈與人自願喪失中華民國國籍者，仍應就其境內境外財產課稅）。

而所謂「經常居住於中華民國境內」之定義，依照《遺產及贈與稅法》第4條第3項的規定包括：

㈠死亡事實或贈與行為發生前二年內，在中華民國境內有住所者。

㈡在中華民國境內無住所而有居所，且在死亡事實或贈與行為發生前二年內，在中華民國境內居留時間合計逾三百六十五天者；但受中華民國政府聘請從事工作，在中華民國境內有特定居留期限者，不在此限。

因此可知，只要是居住於中華民國的國民，就海內外的遺產都必須申報繳納遺產稅。

此外，《遺產及贈與稅法》中規定的財產包括「動產」、「不動產」及「其他一切有財產價值之權利」。被繼承人生前所有的動產如存款、股票、汽車，不動產如土地、房屋，都屬於「遺產」的一部分，必須依法申報繳納遺產稅。

必須特別注意的是，依據《遺產及贈與稅法施行細則》第13條之規定：「被繼承人死亡前因重病無法處理事務期間舉債、出售財產或提領存款，而其繼承人對該項借款或價金或存款不能證明其用途者，該項借款、價金或存款，仍應列入遺產課稅。」因此，若被繼承人死亡前兩年內的大筆提款，除非能夠證明確實用於醫療等用途，否則仍然必須納入遺產一併申報遺產稅。

而「擬制遺產」則是指《遺產及贈與稅法》第15條規定，若在死亡前二年內贈與下列人士財產，也須一併納入申報：一、被繼承人之配偶。二、被繼承人依《民法》第1138條（即第一、二、三、四順序繼承人）及第1140條（即代位繼承人）規定之各順序繼承人。三、前款各順序繼承人之配偶。

若已申報繳納過贈與稅者，計入遺產後，仍可已扣除繳納之贈與稅，避免重複繳納。

什麼是「擬制遺產」（視同遺產）？

李廷鈞地政士

由於被繼承人死亡前，可能已預測到自己的死期將近，而把自己的財產於生前移轉到配偶或繼承人等的名下，藉以規避遺產稅，我國《遺產及贈與稅法》針對這樣的規避行為，乃將此生前移轉的財產視為遺產的一部分，納稅義務人必須依法納入遺產價值中計算，申報遺產稅。

根據《遺產及贈與稅法》第15條的規定：「被繼承人死亡前二年內贈與下列個人之財產，應於被繼承人死亡時，視為被繼承人之遺產，併入其遺產總額，依本法規定徵稅：一、被繼承人之配偶。二、被繼承人依民法第一千一百三十八條及第一千一百四十條規定之各順序繼承人。三、前款各順序繼承人之配偶。」因此，凡被繼承人死亡前所做的財產贈與行為，只要對象為配偶、繼承人或繼承人之配偶者，其財產價值均應併入遺產總額計算遺產稅。

但此一擬制遺產的情形，往往於贈與時已經繳納贈與稅，如果不能扣抵遺產稅，恐會有重複課稅的問題，對於納稅義務人相當不利；為了避免重複課稅，已繳納的稅額依法可以扣抵。

依據我國《遺產及贈與稅法》第11條第2項之規定：「被繼承人死亡前二年內贈與之財產，依第十五條之規定併入遺產

課徵遺產稅者,應將已納之贈與稅與土地增值稅連同按郵政儲金匯業局一年期定期存款利率計算之利息,自應納遺產稅額內扣抵。但扣抵額不得超過贈與財產併計遺產總額後增加之應納稅額。」因此可知,雖然可以進行扣抵,但「扣抵」仍有其上限,即贈與財產併入遺產計算時所應繳納的遺產稅扣除未併入計算死亡時遺產所應繳納的遺產稅。

　　舉例而言,繼承人申報被繼承人所遺財產新台幣(以下同)五百萬元,並將被繼承人死亡前二年內贈與子女不動產一千萬元所繳納之贈與稅一百萬元全數列為遺產稅扣抵額,申報應退還稅款;經國稅局審查核定遺產淨額一千五百萬元,應納遺產稅額三十萬元,依前揭法令規定計算,其可自應納遺產稅額內扣抵之扣抵額上限為三十萬元,核定無應納稅額,亦無應退稅額。

什麼是遺產稅的免稅額及扣除額？

李廷鈞地政士

根據我國《遺產及贈與稅法》第18條規定：「被繼承人如為經常居住中華民國境內之中華民國國民，自遺產總額中減除免稅額一千二百萬元；其為軍警公教人員因執行職務死亡者，加倍計算。被繼承人如為經常居住中華民國境外之中華民國國民，或非中華民國國民，其減除免稅額比照前項規定辦理。」財政部110年11月24日台財稅字第11004670210號公告，被繼承人的免稅額自111年1月1日起為1,333萬元（98年1月23日至110年12月31日為1,200萬元）。因此若是被繼承人生前遺產總價值在新台幣1,333萬元以內者，均屬於免稅的範疇，但仍須申報遺產稅，只是國稅局會直接核發一張「遺產稅免稅證明書」，因為遺產價值沒有超過免稅額，不用繳納遺產稅，即可辦理後續財產繼承作業。

除了「免稅額」新台幣1,333萬元之外，被繼承人還依據各種情況，分別享有不同的扣除額；也就是說，遺產稅的總額在扣除扣除額之後，超過免稅額新台幣1,333萬元的部分，以該數額計算課徵遺產稅。比方說，小明的父親大明於民國113年間過世，其生前應課稅遺產計新台幣2,000萬元，在扣除直系血親卑親屬（每人）和喪葬費用分別新幣56萬元及138萬元之扣除額後，遺產稅課稅淨額為新台幣473萬元（2,000萬元－

1,333萬元－56萬元－138萬元），需課徵之遺產稅稅額即為新台幣47.3萬元。

由於《遺產及贈與稅法》第17條所規定之扣除額因物價指數而調整，因此真正之數額略有不同，下表將民國114年之遺產稅免稅額、扣除額整理如下表：

項目	額度（新台幣/元）
免稅額	1,333萬
配偶扣除額	553萬
直系血親卑親屬扣除額／人	56萬
父母扣除額／人	138萬
重度身心障礙特別扣除額／人	693萬
受被繼承人扶養之兄弟姊妹、祖父母扣除額／人	56萬
喪葬費扣除額	138萬

哪些項目可以從遺產總額中扣除而免徵遺產稅？

李永然律師

一、可以從遺產總額中扣除免徵遺產稅的項目

《遺產及贈與稅法》允許從遺產總額中扣除免徵遺產稅的項目，計有十一項：

(一)配偶扣除額

被繼承人遺有「配偶」者，自遺產總額中扣除新台幣（以下同）553萬元。

(二)繼承人扣除額

繼承人為「直系血親卑親屬者」，每人可從遺產總額中扣除56萬元（103年1月1日至112年12月31日為50萬元），其中有未成年人，可以按照他的年齡距屆滿成年的年數，每人每年加扣56萬元（103年1月1日至112年12月31日為50萬元），不滿一年的以一年計算，但是繼承人拋棄繼承權就不能扣除。但「親等近者」拋棄繼承由「次親等卑親屬」繼承者，扣除之數額以拋棄繼承前原得扣除的數額為限。

(三)父母扣除額

被繼承人遺有父母者，每人得自遺產總額中扣除138萬元（103年1月1日至112年12月31日為123萬元）。

(四)配偶、繼承人或父母身心障礙特別扣除額

被繼承人的配偶、直系血親卑親屬或父母，如果是《身心障礙者權益保障法》第5條所規定的重度以上身心障礙者、或《精神衛生法》第3條第3款所規定的嚴重病人，每人可以加扣693萬元（103年1月1日至112年12月31日為618萬元）。

(五)扶養親屬扣除額

被繼承人死亡時遺有兄弟姊妹，如果未成年或已成年因在校就學或身心障礙或無謀生能力過去受被繼承人扶養的，每人可自遺產總額中扣除56萬元（103年1月1日至112年12月31日為50萬元）。如果兄弟姊妹中有未成年的，可按照他的年齡距屆滿成年的年數每年加扣56萬元，不滿一年的以1年計算。

(六)「農業用地」扣除額

遺產中作農業使用的農業用地及其地上農作物，由繼承人或受遺贈人承受者，扣除其土地及地上農作物價值的全數。承受人自承受之日起「五年」內，未將該土地繼續作農業使用且未在有關機關所令期限內恢復作農業使用，或雖在有關機關所令期限內已恢復作農業使用而再有未作農業使用情事者，應追繳應納稅負；但如因「承受人」死亡，該承受土地被徵收或依法變更為非農業用地者，不在此限。

(七)「再轉繼承」扣除額

所謂「再轉繼承」，乃指在短期間內相繼產生的繼承事件，為避免遺產因連續繼承，一再課徵遺產稅，加重納稅義務人負擔，因此規定可以按年依一定比例遞減扣除（註1）。該扣除額如被繼承人死亡前六年至九年內，繼承的財產已納遺產稅者，按年遞減扣除80%、60%、40%及20%。

(八)死亡前未納稅捐、罰鍰及罰金扣除額

被繼承人死亡前，依法應納的各項稅捐、罰鍰及罰金均可扣除。

(九)「未償債務」扣除額

被繼承人死亡前，「未償的債務」具有確實證明者可以扣除。

(十)「喪葬費」扣除額

喪葬費的扣除金額，不論實際發生多少金額，一律都以138萬元計算（103年1月1日至112年12月31日為123萬元）。

(十一)執行遺囑、管理遺產的費用扣除額

執行遺囑及管理遺產的直接必要費用可扣除。

注意！

這十一項可從遺產中扣除，免徵遺產稅哦！

1. 配偶扣除額。
2. 繼承人（直系血親卑親屬）扣除額。
3. 父母扣除額。
4. 配偶、繼承人（直系血親卑親屬）或父母身心障礙特別扣除額。
5. 扶養親屬扣除額。
6. 「農業用地」扣除額。
7. 「再轉繼承」扣除額。
8. 死亡前未納稅捐、罰鍰及罰金扣除額。
9. 「未償債務」扣除額。
10. 「喪葬費」扣除額。
11. 執行遺囑、管理遺產的費用扣除額。

二、何謂「農業用地繼續供農業使用未滿五年」？

依前所述，繼承人繼承農業用地繼續供農業使用，固可將之自遺產總額扣除，但如繼續供農業使用未滿五年，則會遭到追繳稅款。因而繼承人必須了解何謂「農業用地繼續供農業使用未滿五年」。此可分兩種情形：

㈠農業用地事實上廢耕，不再從事農業生產，且無法定原因或因公權力之執行而變更使用，致未繼續耕作者。

㈡農業用地因為「所有權移轉」而無法繼續從事農業生產；例如：因「買賣」、「贈與」而移轉就屬於此種情形。但筆者提醒讀者，如有繼承人將繼承的農業用地申請以該土地抵繳遺產稅者，也必須被追繳稅款（註2）。

三、何謂「未償債務」？

再者，未償債務具有確實證明，可自遺產總額中扣除，而此所稱的「未償債務」所指為何？依其給付內容可分為「金錢債務」與「非金錢債務」兩種。如果「未償債務」之請求權已罹於「消滅時效」，是否也可以扣除？筆者將之分述如下：

㈠如該項債務之債權人的請求權已罹於消滅時效，而債務人拒絕給付（即提出消滅時效抗辯），該項債務即不存在，應不得再自遺產總額中扣除；反之，如債務人已以「契約」承認該項債務，經稽徵機關查明屬實，則該項債務仍可自遺產總額中扣除（財政部69年7月7日台財稅第35427號函）。

㈡如該項未償債務已罹於消滅時效，繼承人仍為給付，該未償債務，仍可自遺產總額中扣除（財政部72年12月2日台財稅第38592號函）。

四、何謂「執行遺囑、管理遺產之費用」？

「執行遺囑、管理遺產的費用」要列入扣除額，必須以該費用直接作為執行遺囑內容或管理遺產所必要者為限。例如：會計師或律師管理遺產所收取的酬勞金，應為執行遺囑及管理遺產的直接必要費用（財政部63年2月1日台財稅第30695號函

）。

註1：參見沈克儉、蔡松棋著：遺產及贈與稅金百科，頁135，民國87年10月第1版第1刷，實用稅務出版社發行。

註2：財政部72年9月20日台財稅第36684號函，載遺產及贈與稅法令彙編，頁109，民國112年12月，財政部編印。

被繼承人生前所負債務,可否自遺產總額中扣除?

李永然律師

一、被繼承人生前所負債務可當遺產稅的扣除額

　　繼承人繼承遺產,一般仍希望節稅,若想節省遺產稅,便應充分利用扣除額、免稅額,藉以降低遺產總額。在扣除額中,我國《遺產及贈與稅法》第17條第9款規定:「被繼承人死亡前,未償之債務,具有確實之證明者」,應自遺產總額中扣除,免徵遺產稅。

二、哪些是被繼承人死亡前之未償債務?

　　《遺產及贈與稅法》第17條第9款所規定之「被繼承人死亡前之未償債務」,究竟包括哪些?依其給付內容可分為「金錢債務」與「非金錢債務」,前者,以其「債務額」扣除;後者,乃指基於被繼承人生前「契約」或其他法律行為應負擔一定行為的義務,例如:不動產或股票於生前訂約出售,已收取價款而未辦理移轉登記或交付等(註1)。

三、已罹於消滅時效的金錢未償債務,未必不可扣除

　　被繼承人生前負有金錢債務,然已罹於時效消滅,法律上

債務人可以提出消滅時效抗辯，但有下述情形時，仍可自遺產總額中扣除，依財政部69年7月7日台財稅第35427號函釋：「……惟該項債務如債權人之請求權已罹於時效消滅，債務人依民法第144條第1項規定，得拒絕給付，故債務人如已拒絕給付，則該項債務即不存在，應不得再自遺產總額中扣除。反之，如該項債務雖債權人之請求權已罹於時效消滅，但債務人曾依民法第144條第2項規定，以契約承認該項債務者，則表示該項債務仍然存在，則在債務人死亡時，如經稽徵機關查明屬實，該項債務自仍可准自遺產總額中扣除。」（註2）。

四、已罹於消滅時效的非金錢債務，繼承人仍給付者，也可扣除

又被繼承人如生前所負非金錢債務，其請求權已罹於時效消滅，但繼承人仍給付者，也可扣除。此觀財政部72年12月2日台財稅第38592號函釋：「被繼承人……生前出售之土地，迄其死亡時仍未辦理繼承登記，而買受人對該土地之移轉登記請求權，雖經法院判決確定已罹時效消滅，但繼承人仍為給付時，……該土地仍可視為被繼承人生前未償債務，准自遺產總額中扣除。」（註3）即明。

五、結語

綜上所述，繼承人於運用「被繼承人生前未償債務」的扣除額時，應注意實務上之解釋，俾能正確運用。

註1：沈克儉、蔡松棋著：遺產及贈與稅金百科，頁142，民國87年10月第1

版第1刷,實用稅務出版社出版。

註2:財政部編印:遺產及贈與稅法令彙編,頁141,民國112年12月。

註3:財政部編印:前揭書,頁141。

不計入遺產總額的項目有哪些？

李永然律師

　　國內一有企業家往生，媒體就開始關注該企業家的遺產數額及其應納之遺產稅稅額；而其繼承人則在意如何申報，才能少繳遺產稅。

　　依我國《遺產及贈與稅法》第13條規定，遺產稅按被繼承人死亡時，依《遺產及贈與稅法》規定計算的遺產總額，減除同法第17條、第17條之1所規定的扣除額及同法第18條所規定之免稅額後的課稅遺產淨額，依級距按10％、15％、20％稅率課徵稅額。

　　所以，繼承人除注意扣除額、免稅額外，還應注意哪些財產可不計入遺產總額。

　　關於不計入遺產總額的項目，《遺產及贈與稅法》共有兩條條文規定，現分述如下：

　　一、遺贈人、受遺贈人或繼承人捐贈各級政府及公立教育、文化、公益慈善機關的財產：實務上有些繼承人將土地捐贈地方政府。

　　二、遺贈人、受遺贈人或繼承人捐贈公有事業機構或全部公股之公營事業的財產。

　　三、遺贈人、受遺贈人或繼承人捐贈於被繼承人死亡時，已依法設立為財團法人且符合行政院規定標準之教育、文化、

公益、慈善、宗教團體及祭祀公業的財產。捐贈公立教育、文化、公益慈善機關必須符合下列規定：1.應於被繼承人死亡時，已依法設立；2.財團法人組織應符合行政院84年11月15日發布之《捐贈教育、文化、公益、慈善宗教團體祭祀公業財團法人財產不計入遺產總額或贈與總額適用標準》（註1）。納稅義務人還必須於申報遺產稅時，檢具受遺贈人或受贈人同意受遺贈或受贈之「證明」列報主管稽徵機關核發「不計入遺產稅額證明」（參見《遺產及贈與稅法施行細則》第7條第1項）。

　　四、遺產中有關文化、歷史、美術的圖書、物品，經繼承人向主管稽徵機關聲明登記者：前述遺產必須向主管稽徵機關聲明登記，主管機關則設置登記簿登記，必要時還拍照存查（參見《遺產及贈與稅法施行細則》第9條第2項）。這些圖書、物品，繼承人須注意未來欲轉讓時，應先報明主管稽徵機關，依法補徵遺產稅（參見《遺產及贈與稅法施行細則》第9條第1項）。

　　五、被繼承人自己創作的著作權、發明專利權及藝術品。

　　六、被繼承人日常生活必需的器具及用品，其總價值在100萬元以下部分（103年1月1日至112年12月31日為89萬元）。

　　七、被繼承人職業上的工具，其總值在新台幣56萬元以下部分（103年1月1日至112年12月31日為50萬元）。

　　八、依法禁止或限制採伐的森林：這些森林可參考《森林法》及《國家公園法》；但繼承人須注意的是，如果未來解禁，則須自動申報補稅。因森林既已獲准許可採伐或解禁，則利

益已有實現的可能，不論有無採伐，均須自動申報補稅（註2）。

九、約定於被繼承人死亡時，給付其所指定受益人之人壽保險金額、軍、公教人員、勞工或農民保險的保險金額及互助會；而何謂已指定受益人？依財政部函釋認為：「……若要保人已於保險契約中指定受益人，不論為姓名或身分之指定，均屬已指定受益人……」（註3）。

十、被繼承人死亡前五年內，繼承之財產已納遺產稅者。

十一、被繼承人之配偶及子女之「原有財產」或「特有財產」，已經辦理登記或確有證明者。

十二、被繼承人遺產中經政府開闢為公眾通行道路之土地或其他無償供公眾通行之道路之土地，經主管機關證明者，可以不計入遺產總額；但前述土地如屬建造房屋應保留之法定土地部分，仍應計入遺產總額。

十三、被繼承人之債權及其他請求權不能收取或行使確有證明者：前述情形，依《遺產及贈與稅法施行細則》第9條之1規定，係指下列各款情形：

㈠債務人經依《破產法》和解、破產依《消費者債務清理條例》更生、清算或依《公司法》聲請重整，致債權全部或一部不能取償，經取具「和解契約」或「法院裁定書」。

㈡被繼承人或繼承人與債務人於法院成立訴訟上和解或調解，致債權全部或一部不能收取，經取具法院和解或調解筆錄，且無《遺產及贈與稅法》第5條第1款規定的情事，經稽徵機關查明屬實。

㈢其他原因致債權或其他請求權之一部或全部不能收取或行使，經取具證明文件，並經稽徵機關查明屬實。

十四、遺贈人、受遺贈人或繼承人提供財產，捐贈或加入於被繼承人死亡時已成立的公益信託，並符合下列各款規定者，這些財產依《遺產及贈與稅法》第16條之1，也不計入遺產總額：

㈠受託人為《信託業法》所稱的「信託業」。

㈡各該「公益信託」除為其設立目的舉辦事業而必須支付的費用，不以任何方式對「特定或可得特定之人」給予特殊利益。

㈢信託行為明定信託關係解除、終止或消滅時，信託財產移轉於各級政府、有類似目的之公益法人或公益信託。

註1：蘇青旗會計師編著：遺產稅、贈與稅問題精選集，頁35～36，民國87年6月初版，自刊本。

註2：沈克儉、蔡松棋著：遺產及贈與稅金百科，頁109，民國87年10月第1版第1刷，實用稅務出版社發行。

註3：財政部84年7月13日台財保字第840344304號函。

何謂「再轉繼承」？遺產稅申報時有何優惠？

李廷鈞地政士

所謂「再轉繼承」的意思，是指原本的繼承人死亡再發生繼承，該筆遺產是由被繼承人繼承而來。例如小明的母親在小明的父親去世時，依法申報並繳納遺產稅後繼承房屋一棟，兩年後，小明的母親也不幸去世，小明繼承了該房屋，該房屋即為「再轉繼承」之遺產。

由於在被繼承人（如小明的母親）繼承該遺產時，已繳納遺產稅，為了避免重複課稅，在短期內，如果被繼承人死亡，再次發生繼承時，對於該筆遺產之遺產稅，《遺產及贈與稅法》即給予免稅或扣除一定比率的優惠，以維護納稅義務人之權利。

根據《遺產及贈與稅法》第16條第10款之規定，被繼承人死亡前五年內，繼承之財產已納遺產稅者，免繳遺產稅。因此在申報遺產稅時，若該筆遺產屬於五年內再轉繼承之遺產，得主張該遺產不計入遺產。

又根據《遺產及贈與稅法》第17條第1項第7款之規定，被繼承人死亡前六年至九年內，繼承之財產已納遺產稅者，應按年遞減扣除80%、60%、40%及20%之數額，主張免稅。

總而言之，繼承時，如被繼承人有遺產是在九年內繼承自他人而來，都可以享有按年遞減遺產稅的優惠，五年內是免稅

，第六年至第九年則可依照不同比例扣除遺產稅。納稅義務人應善用「再轉繼承」遺產稅優惠的制度進行節稅。

被繼承人死亡前遺產繼承時間	應計入稅額的財產比率
0～第5年	×0%
第6年	×20%
第7年	×40%
第8年	×60%
第9年	×80%

採用何種夫妻財產制與遺產稅節稅之間，是否有關聯？

李永然律師

筆者處理案件時，接觸了不少企業家，男、女皆有。由於夫妻一旦結婚，就涉及「夫妻財產制」的適用，我國現行夫妻財產制有「法定財產制」及「約定財產制」之分，後者還可分為「共同財產制」及「分別財產制」（註1）。

夫妻如未採用「約定財產制」，即應適用「法定財產制」，而「法定財產制」涉及「夫妻剩餘財產差額分配請求權」（《民法》第1030條之1）。

按「夫妻剩餘財產差額分配請求權」，依《民法》第1030條之1第1項規定，法定財產制關係消滅時，夫或妻現存之婚後財產，扣除婚姻關係存續所負債務，如有剩餘，其雙方剩餘財產之差額，應平均分配，但下列財產不在此限：一、因繼承或其他無償取得的財產；二、慰撫金。

因此，夫妻如採用「法定財產制」，一旦離婚或一方死亡而配偶尚生存時，即會發生「夫妻之剩餘財產差額分配請求權」。基於此一規定，身懷鉅款的企業家對於財產規劃不得不細心思量。

一、企業家有錢，竟招來配偶為錢訴請離婚的厄運

如前所述，國內大多數夫妻適用「法定財產制」，但沒想

到，努力工作的企業家累積數十億資產，卻也因而招來結褵數十年的配偶藉著訴請離婚，要求分配他名下一半的財產。其配偶主張的依據就是行使《民法》第1030條之1的「夫妻剩餘財產差額分配請求權」。

這位企業家深覺其配偶既沒工作，在家不事家務，還有傭人侍侯，且揮霍無度，憑什麼請求。針對雙方的爭執，這時就要進入訴訟攻防。該企業家一定會主張沒有平均分配的理由，更不該分配予其配偶，這項主張，即須請求法院適用《民法》第1030條之1第2項之規定，即「……平均分配顯失公平者，法院得調整或免除其分配額」。

二、企業家死亡時，配偶運用剩餘財產差額分配請求權的行使，可節省遺產稅

企業家打拚一輩子，累積不少財產，其繼承人繼承龐大遺產，為了少繳遺產稅，就會運用「扣除額」、「免稅額」等節稅，如配偶尚生存，而繼承人間關係又和諧時，還可以運用「剩餘財產差額分配請求權」。所以，當發生繼承寺，繼承人想將「夫妻剩餘財產差額分配請求權」發揮到最大效果，必須是夫妻採用「法定財產制」，且夫妻財產較多的一方先過世才有發揮空間(註2)。

配偶繼承欲行使「剩餘財產差額分配請求權」時，必須適用《遺產及贈與稅法》第17條之1的規定，即被繼承人之配偶依《民法》第1030條之1規定，主張配偶剩餘財產差額分配請求權者，納稅義務人得向稽徵機關申報自遺產總額中扣除。數

年前有台灣經營之神之稱的王永慶先生往生時，其遺有配偶王月蘭女士，就行使了「夫妻剩餘財產差額分配請求權」；另外，王永在先生往生，其配偶同樣也行使了「夫妻剩餘財產差額分配請求權」。

　　納稅義務人運用此一規定節省遺產稅時，尚須注意應於稽徵機關核發稅款繳清證明書或免稅證明書之日起「一年」內，給付該請求權金額之財產予被繼承人之配偶；倘若未依前述規定給付被繼承人之配偶者，稽徵機關依《遺產及贈與稅法》第17條之1第2項之規定，應於前述期間屆滿之翌日起五年內，就未給付部分追繳應納稅額。

　　上述無法於期限內給付該請求權金額之財產予被繼承人的配偶時，係因特殊原因所致，應先報經主管稽徵機關核准延期。如未按規定處理延期，又未如期給付，則稽徵機關將依《遺產及贈與稅法施行細則》第11條之1，除依法補徵遺產稅外，還會按郵政儲金一年期定期儲金固定利率加計利息。

註1：夫妻之財產及所得，除特有財產外，合併為共同財產，屬於夫妻公同共有；夫妻得以契約訂定僅以勞力所得為限為共同財產（《民法》第1031條、第1041條）。「分別財產」夫妻各保有其財產的所有權，各自管理、使用、收益及處分（《民法》第1044條）。

註2：王人傑著：節稅規劃100問，頁158～159，1997年10月初版，旭屋文化，大衛營出版機構印行。

繼承遺產法定財產制的配偶行使剩餘財產差額分配請求權的應注意事項

李廷鈞地政士

一、被繼承人死亡如仍有配偶生存，會涉及夫妻財產制相關問題

被繼承人死亡所遺留的財產，由繼承人繼承，而被繼承人死亡時如仍有配偶生存時，則會涉及「夫妻財產制」相關問題。

按被繼承人與其生存之配偶所適用的財產制，依現行《民法》規定包括「法定財產制」、「共同財產制」及「分別財產制」；後兩者屬於「約定財產制」，如夫妻結婚或婚姻存續中未採用「約定」財產制，即應適用「法定財產制」。

夫妻除適用「分別財產制」外，於適用「法定財產制」或「共同財產制」時，都會涉及被繼承人遺產的計算。就以「共同財產制」為例，共同財產制中夫妻之一方死亡時，依《民法》第1039條第1項應以「共同財產的半數」列為遺產課遺產稅，但如有《民法》第1039條第3項所規定的情形時，應以生存的他方對共同財產得請求之數額以外的財產，列為遺產課稅（財政部70年1月7日台財稅第30119號函）。

另外,被繼承人與生存的配偶適用「法定財產制」時,因有「剩餘財產差額分配請求權」,也會涉及遺產稅的課徵,謹說明如下。

二、何謂法定財產制的「剩餘財產差額分配請求權」?

如前所述,依《民法》規定,夫妻結婚後,財產制分為三種:㈠法定財產制:夫妻財產分為婚前及婚後財產,除共同負擔外,均可自由各自處分財產負擔債務。㈡分別財產制:夫妻各自擁有自己財產也不分婚前婚後。㈢共同財產制:將夫妻財產分為特有財產及共有財產,除特有財產外,共有財產由夫妻共同管理處分,共有財產的債務共有財產清償。

夫妻在採用「法定財產制」時,民國91年修正《民法》時,增訂了「法定財產制」剩餘財產分配的規定(第1030條之1),乃為補救舊「聯合財產制」對妻不利的地位。《民法》第1030條之1規定:「Ⅰ.法定財產制關係消滅時,夫或妻現存之婚後財產,扣除婚姻關係存續所負債務後,如有剩餘,其雙方剩餘財產之差額,應平均分配。但下列財產不在此限:一、因繼承或其他無償取得之財產。二、慰撫金。Ⅱ.夫妻之一方對於婚姻生活無貢獻或協力,或有其他情事,致平均分配有失公平者,法院得調整或免除其分配額。……」。

因此在婚姻關係結束後,財產較少的一方,可以透過《民法》第1030條之1的規定,由夫或妻現存之婚後財產,扣除婚姻關係存續所負債務後,如有剩餘,其雙方剩餘財產之差額,

應平均分配。講白一點，例如夫妻離婚以後，雙方將婚後財產拿出來比較，扣掉各自債務後，剩餘財產原則上平均分配，以達到公平。

不過必須要注意的是，如果是因為繼承或其他無償取得的財產，比方說是由長輩處繼承取得或是受贈取得的動產不動產，或是慰撫金，則不計入婚後財產計算，亦即在計算剩餘財產分配差額的時候不會納入計算。

三、採用法定財產制的生存配偶主張剩餘財產分配時，該部分不計入遺產計算

再者，如果生存配偶主張《民法》第1030條之1第1項剩餘財產差額分配請求權，則被繼承人的遺產須扣除該部分不計入（《遺產及贈與稅法》第17條之1第1項）。

所以《民法》第1030條之1在稅法上面的運用，因為剩餘財產差額分配請求權所分配的金額，這筆財產是不用納入遺產計算的，因此在稅法上面有「節稅」的作用。如果夫妻之一方過世後，繼承的一方財產明顯較少，建議可以運用剩餘財產差額分配請求權，不過在將來報稅之後，無論動產、不動產必須實際歸入配偶名下才行。

《遺產及贈與稅法》第17條之1第2項規定，因為納稅義務人未於稽徵機關核發稅款繳清證明書或免稅證明書之日起「一年」內，給付該請求權金額之財產予被繼承人之配偶者，稽徵機關應於前述期間屆滿之翌日起「五年」內，就未給付部分追繳應納稅額。

另外還有一點必須特別注意的是，夫妻之間在生前如果有財產的相互贈與，例如先生生前有一間房子，在死亡前「兩年」以夫妻贈與的方式過戶給太太，因為房子已經過戶給太太，所以當然沒有剩餘財產差額分配請求權的適用。不過在計算遺產稅上面，因為兩年內的贈與，還是要納入遺產總額來計算遺產稅，這點則必須特別注意。

四、結語

以上是在處理被繼承人死亡時，如有生存之配偶，適用「法定財產制」，對於夫妻剩餘財產差額分配請求權行使時的注意事項，筆者於執行地政士業務過程中，也處理不少這方面的案件，再加上「永然聯合法律事務所家族傳承法律事務中心」規劃「家族傳承」時，也會運用到這方面的概念。

第五篇

意定監護
與長照安養

民眾對監護宣告與意定監護的法律認識

李永然律師

一、高齡失智者隨著進入「高齡社會」，日益增多

　　台灣已經是一「高齡社會」，至2025年還會邁入「超高齡社會」，老人被診斷出「失智症」日益增多。失智老人不僅有遭「金融剝削」（註1）的風險，還有因罹失智症而走失；依內政部警政署統計，台灣近三年來共六千多人因失智症走失，占失蹤人口近一成（註2）。

　　法律上為了保障精神障礙或心智缺陷者，於《民法》訂有「監護宣告」與「輔助宣告」的制度，通過監護人、輔助人及法院的監督，藉以保障受監護宣告或輔助宣告之人的權益。又為落實「當事人自主原則」，對於成年人的「監護宣告」，讓本人於意思表示能力還健全時，先與未來的受任人（未來的監護人）約定「意定監護」。

　　以下介紹「監護宣告」與「意定監護」的相關法律規定，以及其他相關應注意事項。

二、「監護宣告」不同於「輔助宣告」

　　首先談到「監護宣告」，依《民法》第14條第1項規定：對於因精神障礙或其他心智缺陷，致不能為意思表示或受意思

表示，或不能辨識其意思表示的效果者，法院可以因相關法定親屬等的聲請，為「監護宣告」。

「監護宣告」不同於「輔助宣告」，後者乃指依《民法》第15條之1第1項對於因精神障礙或其他心智缺陷，致其為意思表示或受意思表示，或辨識其意思表示效果的能力，顯有不足者，法院可以因相關法定親屬等的聲請，為「輔助宣告」。

如果聲請人是聲請「監護宣告」，但法院認為程度還沒到達可以宣告「監護宣告」的程度，而為「輔助宣告」（參見《民法》第14條第3項）。

三、如何聲請「監護宣告」？

其次如果認為自己的父親、母親或其他親人已罹有失智症，且程度嚴重，可以向法院聲請監護宣告，聲請時應提請「聲請狀」並檢附相關文件，包括：㈠應受監護宣告之人、聲請人、擬擔任「監護人」及會同「開具財產清冊人」的戶籍謄本。㈡應受監護宣告的「醫生診斷證明」。㈢同意擔任「監護人」及會同「開具財產清冊之人」所出具的同意書。㈣其他法院要求聲請人提出的文件。除此之外，尚需繳納新台幣1千元的聲請費及負擔日後因法院需調查鑑定所產生的費用及法院要求醫院鑑定的費用（註3）。

罹患失智症者一旦經法院為「監護宣告」，則受監護宣告之人，成為「無行為能力人」（《民法》第15條）。如果為意思表示或受意思表示的必要，即為「監護人」為受宣告的「法定代理人」。

親愛的讀者：

感謝您的支持與閱讀。因下列資訊誤植錯誤訊息，茲修正如下：

頁碼：164 頁倒數第七行

- 原文：尚需繳納新台幣 1 千元的聲請費

- 修正：尚需繳納新台幣 1 千五百元的聲請費

■▌ 我們對於疏漏深感抱歉，並已在後續版本中進行修正。謝謝

●家事聲請狀（聲請監護宣告）

為聲請監護宣告、選定監護人及指定會同開具財產清冊之人事：

聲請事項：

一、請求裁定○○○（出生年月日、身分證字號）為受監護宣告之人。

二、請選定○○○（出生年月日、身分證字號）為監護人，並指定○○○為會同開具財產清冊之人。

三、聲請程序費用由相對人（應受監護宣告人）負擔。

事實及理由：

一、聲請人為 □應受監護宣告人之○○（請寫明兩人關係）

　　□意定監護契約受任人
　　□主管機關_____
　　□社會福利機構_____

二、相對人因_____（病名或病因，詳證○），致不能為意思表示或受意思表示(或不能辨識其意思表示之效果)，有診斷證明書可證，為此依民法第14條、第1110條、第1111條及家事事件法第164條規定，請求貴院裁定如聲請事項。

三、本件應受監護宣告人行動不便，請求准許至_____（地址或醫院）接受鑑定。

四、相對人目前為□植物人、□重度精神障礙者、

□重度智能障礙者、□其他(詳述有經醫師診斷或鑑定明顯有精神障礙或其他心智缺陷之情形)，有事實足認無訊問之必要。

五、相對人□無訂立意定監護契約。

□有訂立意定監護契約並經公證人作成公證書在案，詳證○。

證物名稱及件數：

一、戶籍謄本（聲請人、相對人及關係人《擬擔任監護人【含意定監護契約受任人】及會同開具財產清冊人【含意定監護契約指定者】》）。

二、診斷證明書或身心障礙手冊。

三、經國內公證人依公證法規定作成之意定監護契約公證書影本。

四、其他。

此 致

○○○地方法院（少年及家事法院）家事法庭 公鑒

中　華　民　國　　　　年　　　　月　　　　日
　　具狀人　　簽名蓋章
　　撰狀人　　簽名蓋章

　　監護人執行受監護宣告人的生活、護養療治及財產管理的職務時，非為「受監護人的利益」，不得使用、代為或同意處分（《民法》第1113條準用同法第1101條第1項）。又監護人

不得以受監護人的財產為「投資」；但購買公債、國庫券、中央銀行儲蓄券、金融債券、可轉讓定期存單、金融機構制定匯票或保證商業本票，則不在此限。

四、如何安排意定監護？

再者，如前所述，我國《民法》已經有「意定監護制度」，於民國108年6月19日修正《民法》親屬編時增訂。依《民法》第1113條之2第1項稱「意定監護」，乃指本人與受任人約定，於本人受「監護宣告」時，受任人允為擔任監護人的契約。

此種「意定監護契約」為「要式契約」，其訂立或變更，應由「公證人」（註4）作成「公證書」始為成立，至於其效力則係於本人受監護宣告時，才發生效力（《民法》第1113條之3）。

如果想要成立「意定監護契約」應注意以下四點：

㈠受任人可以是「一人」或「數人」，如有數人時，除約定為「分別執行職務」外，應共同執行職務。

㈡進行意定監護契約公證時，「本人」及「受任人」均應在場，並向公證人表明其「同意」。

㈢意定監護契約可以同時載明「會同開具財產清冊之人」。

㈣意定監護契約可以約定不給付報酬；如未約定「不給付報酬」時，「監護人」得請求「法院」按其勞力及受監護人的資力酌定報酬（《民法》第1113條之7）。

五、結語

綜上所述，遇到家中有人需要「監護宣告」時，宜依法聲請；又民眾也可以針對自己未來萬一有「監護宣告」的必要，並希望能由「適任之人」擔任「受任的監護人」，可以超前部署，先作好有效成立的「意定監護契約」。

註1：金融剝削（Financial Exploitation）是指照護人、受託人或其他個人透過詐欺、非法、未經授權或不當行為剝奪他人之利益、資源及財產，以獲取個人收益。高齡者成為金融剝削對象的風險較高。參見台灣金融研訓院編輯委員會，頁60，2020年10月出版，台灣金融研訓院發行。

註2：張曼蘋等撰：〈失智者失蹤3年6千長者走失〉乙文，載聯合報112年7月8日A7版。

註3：孫慧敏撰：〈淺述監護宣告與輔助宣告〉乙文，載李永然律師等著：長照安養醫療法律手冊，頁45，民國111年5月，永然法律基金會出版。

註4：公證人依《公證法》規定，有「法院公證人」及「民間公證人」。

◉ 意定監護契約參考範本

立契約書人_____（委任人，以下簡稱甲方）委託□受任人1_____、□受任人2_____、□受任人3_____、…（以下簡稱乙方，依實際個案情形填載）同意依本契約條款履行並簽訂條款如下：

第一條　契約本旨

甲、乙雙方依民法「成年人之意定監護」及相關規定，由甲方委任乙方於甲方受監護宣告時擔任其監護人，處

理有關甲方之生活、護養療治及財產管理事務。

第二條　契約之成立與生效

　　㈠本契約之訂立或變更，應由公證人作成公證書始為成立。

　　㈡本契約於甲方受監護宣告時，發生效力。

第三條　委任事務之範圍

　　本契約委任事務之參考範圍如下：

　　㈠有關生活管理事項：

　　照護安排甲方之生活，例如生活必需費用之取得、物品採購及日常生活有關事項；協助繳納相關生活照顧費用及其他稅費等。

　　㈡有關醫療契約、住院契約、看護契約、福利服務利用契約及照顧機構入住契約等事項。

　　㈢保管與財產相關之證件、資料及物品。

　　㈣請及領取甲方各項退休金、保險給付、津貼、補助，及辦理各項福利身分資格之取得與變更等事項。

　　㈤開具財產清冊：

　　開具甲方財產清冊，分別詳列現金存款、動產、不動產、有價證券、其他財產權等清單。

　　㈥有關財產管理事項：

　　1.乙方應以善良管理人之注意義務，管理甲方之財產並予以記帳。

　　2.甲方死亡時將甲方之遺產交還於其繼承人。

　　㈦繼承事宜

甲方為繼承人時處理甲方之繼承事宜，包含為繼承登記程序、拋棄繼承權、遺產分割、以及行使受遺贈權、繼承回復請求權、行使扣減權之辦理等事項。

(八)處理甲方行政救濟、訴訟、非訟或訴訟外紛爭解決事宜等。

(九)若甲方受監護宣告之原因消滅，應向法院聲請撤銷宣告。

(十)執行民法或其他法令所定監護人之相關職務。

(土)其他約定事項：　　　　　　。

（例如：接受法定繼承人查閱帳冊資料、與親友會面之安排、信件拆閱、電子郵件之處理……。）

第四條　受任人執行職務

乙方於執行委任事務應基於甲方之最佳利益為之。有關執行甲方之生活、護養療治及財產管理之職務時，如甲方得以語言或其他方式表達意願時，應尊重其意思；如甲方不能或無法表達意願時，則依委任之意旨，綜合考量其身心與生活狀況為之。

第五條　費用之負擔

乙方因處理本件甲方之監護事務而負擔必要之費用，由甲方之財產負擔。

第六條　契約之解除與終止

(一)於甲方受監護宣告前，甲方或乙方得隨時以書面先向他方撤回本契約，並由公證人作成公證書。

(二)於甲方受監護宣告後，甲方有正當理由時，得聲請

法院許可終止本契約；乙方有正當理由時，得聲請法院許可辭任其職務。

第七條　受任人為數人之執行職務範圍

　　　　□共同執行職務。

　　　　□分別執行職務，執行職務之範圍分別如下：
　　　　受任人1_____（例如生活管理、護養療治事項）、
　　　　受任人2_____（例如財產管理事項）。

　　　　□分別共同執行職務，執行職務之範圍分別如下：
　　　　•受任人1_____、受任人2_____……共同執行
　　　　_____。（例如生活管理、護養療治事項）
　　　　•受任人3_____、受任人4_____……共同執行
　　　　_____。（例如財產管理事項）
　　　　……依序類推。

　　　　□其他約定執行範圍。

第八條　會同開具財產清冊之人

　　　　□甲方指定會同開具財產清冊之人：
　　　　　國民身分證統一編號：
　　　　　（護照號碼、其他證號）
　　　　　地　　址：
　　　　　電　　話：
　　　　□由法院依職權指定。

第九條　報酬

　　　　本契約雙方同意乙方之報酬如下：
　　　　□甲方於本契約生效後，就乙方處理有關監護事務之

報酬金額及給付方式為＿＿＿＿＿＿＿＿＿＿＿＿＿，乙方得自甲方之財產中受領之。

　　□不給付報酬。

　　□由乙方請求法院酌定。

第十條　處分財產是否受限制

　　□甲方同意乙方為下列行為，不須經法院許可：

　　　　□代理甲方購置或處分不動產。

　　　　□代理甲方，就供其居住之建築物或其基地出租、供他人使用或終止租賃。

　　□乙方為下列行為，須經法院許可：

　　　　1.代理甲方購置或處分不動產。

　　　　2.代理甲方，就供其居住之建築物或其基地出租、供他人使用或終止租賃。

　　□甲方同意乙方得以甲方之財產為投資。

　　□其他處分財產限制：＿＿＿＿＿＿＿＿＿。

第十一條　契約之留存

　　本契約正本一式　份，於訂立後由立契約書人各執一份為憑，一份留存於法院公證處或民間公證人事務所。

　　立契約書人

　　　甲　　方：

　　　　國民身分證統一編號：

　　　　　地　　址：

　　　　　電　　話：

　　　乙　　方：

受任人1：
　　（自然人或機構、法人、團體名稱及其代表人）
　　國民身分證統一編號：
　　（護照號碼、其他證號）
　地　　　址：
　　（事務所或營業所地址）
　電　　　話：
受任人2：
　　（自然人或機構、法人、團體名稱及其代表人）
　　國民身分證統一編號：
　　（護照號碼、其他證號）
　地　　　址：
（事務所或營業所地址）
　電　　　話：
受任人3：
　　（自然人或機構、法人、團體名稱及其代表人）
　　國民身分證統一編號：
　　（護照號碼、其他證號）
　地　　　址：
　　（事務所或營業所地址）
　電　　　話：
　　中　華　民　國　　　　　年　　　　　月　　　　　日

附註：

一、本契約範本僅供參考使用，建議當事人仍應依具體個案需求斟酌訂定相

關條款。

二、甲方指定乙方為護養療治事項之全部或一部時,如涉及**醫療照護法規**時,應依醫療照護法規辦理。(例如:**醫療法**第63條、第64條、第79條、安寧緩和醫療條例第5條及第7條、病人自主權利法第10條及第11條、人體器官移植條例第6條第1項第2款、長期照顧服務法第42條、第43條等)。

民眾對於「以房養老」的法律須知

李永然律師

一、超高齡社會來臨,「以房養老」的案例逐漸增加

我國已邁入超高齡社會,同時又因「少子化」,導致老年人的經濟安全,包括老年人退休後的疾病、意外導致長期看護需求及安養費用,在在被社會各界關注。

我國金管會鼓勵銀行開辦「商業型以房養老貸款」(或稱商業型不動產逆向抵押貸款),目前已有十四家銀行提供這方面的服務。截至民國113年底,這種「商業型以房養老貸款」的案件,共核准8,981件,核貸金額達新台509億元;足見這方面的案件確實逐年在增加中。

筆者曾遇上一位八十餘歲喪偶的老太太,坐輪椅,且需有看護二十四小時照顧,膝下無子女,但名下有一棟六十餘坪的台北市房子,其外甥要老太太將房子贈與給外甥,外甥願每月給老太太八萬元做為生活及看護費用之用;未料不動產贈與後,外甥只履行兩個月的支付,就不再給付,老太太要筆者幫她循法律途徑索還;筆者花了近半年的時間協助索還,有驚無險。

由此案例可知,如果老太太能運用「商業型以房養老貸款

」，向銀行按月取得款項，這種問題就不致於發生。因而筆者擬從法律觀點介紹「以房養老」的貸款，俾供有需求者運用。

二、何謂「商業型以房養老貸款」？

首先談到「以房養老」。此為「不動產逆向抵押貸款」（Reverse Mortgages），乃指高齡者就其所有的不動產房屋，設定「抵押權」予金融機構，由貸款的金融機構評估該房地產的價值、貸款人的預期壽命等因素，再藉由精算於高齡者的生存期間內，按月或按年給付「定期金」給居住於該抵押房屋的高齡者，供其生活養老所需；並待高齡者死亡後，才償還本息的貸款約定。這種「商業型的以房養老模式」，主要是由金融機構依「授信原則」自行承作，風險由金融機構自行承擔，貸款者所能取得的「定期給付金額」也委藉市場機制決定（註1）。

由上述說明，可知「商業型以房養老貸款」有別於「一般貸款」；其間的不同，除上述較為特殊的授信評估方式不同外，「債權確保」也不同。「一般貸款」如遲延償付本息，貸款的金融機構可以引用「加速條款」，將借款視同到期，進而依法處分「擔保品」；但「商業型以房養老貸款」屬於「逆向抵押貸款」，乃於借款的高齡者死亡時，其繼承人不願代償（或無繼承人）時，除了處分原擔保外，沒有收回債權的其他方式（註2）。

三、商業型以房養老貸款，要以房地產設定最高限額抵押權

其次，目前商業型以房養老貸款，即是「逆向抵押貸款」，高齡的借款人要以自己的房地產做為「擔保品」，向金融機構借得所需的款項，此一「抵押」也受《民法》「抵押權」的規範，實務上大皆以申貸者的房地產價值作為「最高限額抵押權」（註3）設定，亦即實務上的操作是適用「最高限額抵押權」（註4）（《民法》第881條之1～第881條之17）。

四、結語

綜上所述，對於已退休的高齡者，如自己有房地產而手邊欠缺現金，又無兒女提供經濟來源，不妨可以考慮將自己居住的房地產向銀行申辦「商業型以房養老貸款」；但申辦時，仍應詳細與銀行間的「契約」；如不瞭解時，最好請教專業律師；另外，貸款者與銀行間屬於「金融消費關係」，可以主張《金融消費者保護法》保障自身權益。

註1：曾品傑撰：〈論以房養老契約——以我國不動產逆向抵押貸款制度為中心〉乙文，載月旦法學第230期，頁39～頁43，2014年7月出刊。

註2：林益倍撰：〈商業型不動產逆向抵押貸款之法律實務初探〉乙文，載財金論文叢刊第26期，頁36～37，2017年6月出刊。

註3：「最高限額抵押權」，乃指債務人或第三人提供其不動產為擔保，就債權人對債務人一定範圍內的不特定債權，在最高限額內設定的抵押權。最高限額抵押權所擔保的債權，以由一定法律關係所生的債權或基於票據所生的權利為限。

註4：潘秀菊、李智仁著：反向抵押貸款制度之理論與實務，頁157，2010年6月初版第1刷，元照出版有限公司出版。

善用「老人照顧服務」的法律須知

李永然律師

一、《老人福利法》與老人的照顧服務

我國於民國69年1月26日總統公布《老人福利法》，該法經過多次修正，其乃為維護老人尊嚴與健康，延緩老人失能，安定老人生活，保障老人權益，藉以增進老人福利而制定。

針對老人福利的維護，不外包括「經濟安全」、「照顧服務措施」、「老人安養福利機構」及「保護措施」等方面。其中的「照顧服務措施」可謂至為重要，尤其台灣已自2021年邁入「已開發國家之林」，對此更應提升品質，且老人及其家屬們對此更應有所認識，裨益於應用。

二、老人照顧服務的原則

首先談到老人照顧服務的原則，依《老人福利法》第16條第1項規定：老人照顧服務應依全人照顧、在地老化、健康促進、延緩失能、社會參與及多元連續服務原則進行規畫辦理。

由上述原則可知老人照顧服務除應注意生活基本需求外，要有「安全感」且要有「自尊」，即在社會上能夠活耀，有成就感，能有學習機會改善自己，亦即要能成功的老化、有建設性的老化、想辦法壓縮疾病，進而維持生命力的高峰（註1）。

又上述原則中有提到「在地老化」原則，筆者頗能贊同，其乃將「老年」視為生命歷程中的常態階段，讓個人在自己長期生活的環境中發生，而非刻意將之安置於陌生的「機構」，交由他人來專責照料。所以，「在地老化」有別於「機構照顧」，「機構照顧」採用全天候監控的集體生活，讓老年人處在欠缺隱私、失去掌控自己生活的困境，不利於老年人生活品質（註2）；目前我國「社區照顧關懷據點」的設置，也是一落實以「社區」為老年人「在地老化」的場域。

三、政府自行或結合民間資源的「居家式服務」

明瞭老人照顧服務的原則後，究竟地方政府依法應提供哪些服務？《老人福利法》第16條第2項規定：地方政府應針對老人需求，提供「居家式」、「社區式」或「機構式」服務。就以「居家式服務」而言，目前地方政府為協助「失能的居家老人」得到所需的連續性照顧，政府主管機關自行或結合「民間資源」提供：醫護服務、復健服務、身體照顧、家務服務、關懷訪視服務、電話問安服務、餐飲服務、緊急救援服務、住家環境改善服務及其他相關的「居家式服務」（參見《老人福利法》第17條）。

四、政府自行或結合民間資源的「社區式服務」

再者，地方政府為提高「家庭」照顧老人的意願及能力，提升老人在社區生活的自主性，依法應自行或結合民間資源提供哪些「社區式服務」？這對於有老人需要照顧之家庭的家屬

而言，至為重要，目前有保健服務、醫護服務、復健服務、「輔具服務」、心理諮商服務、日間照顧服務、餐飲服務、家庭托顧服務、教育服務、法律服務、交通服務、退休準備服務、資訊提供及轉介服務及其他相關的社區服務（參見《老人福利法》第18條）。在前述服務之中，關於「輔具服務」與協助老人獨立生活的能力，進而增進生活品質相當重要，地方政府主管機關應自行或結合「民間資源」辦理下列「輔具服務」：

㈠輔具的評估及諮詢；

㈡提供有關輔具、輔助性的生活用品及生活設施設備的資訊；

㈢協助老人取得生活輔助（參見《老人福利法》第23條第1項）。

五、地方政府主管機關為老人居住多元需求，應輔導老人福利機構提供「機構式服務」

又台灣老年人的居住有些居住於「社區」、有些居住於「安養機構」或「醫療機構」。就以安養機構，如：「榮民之家」、「公費安養機構」、「自費安養機構」。老年人居住安養機構，往往是遭遇到「照顧上的困境」所致，包括：主要照顧者的健康變壞、乏人照顧、考慮照顧品質、難照顧（註3）。《老人福利法》也於第19條規定地方主管機關應輔導「老人福利機構」依老人需求提供如：住宿服務、醫護服務、復健服務、生活照顧服務、膳食服務……等「機構式服務」。

六、結語

　　由以上說明可以了解針對老人的照顧服務，《老人福利法》訂了不少具體規定，除上述照顧服務之外，針對維護老人「尊嚴」與健康、延緩老人失能及增加「社會參與」，甚至地方主管機關應協調各目的事業主管機關提供或鼓勵提供老人學習的教材、提供教育學習活動、舉行老人休閒體育活動……等（參見《老人福利法》第26條、第27條）；台灣目前已經進入「高齡社會」，更將於2025年邁入「超高齡社會」，政府應更加努力「老人照顧服務」，俾達已開發國家之老人福利的水準！

註1：周聯彬撰：〈老人照護——如何提升老人的生產力〉乙文，載詹火生編：迎接高齡社會的挑戰，頁37，1998年8月初版一刷，財團法人厚生基金會出版，1998年8月初版一刷。

註2：蔡瑞明等撰：〈在地老化新思維：優質的長青生活與環境〉乙文，載蔡瑞明主編：建構優質的長青生活與環境，頁5～6，2015年11月初版一刷，巨流圖書公司出版。

註3：林顯宗撰：〈家庭變遷與台灣老人機構安養〉乙文，載2004年兩岸四地社會福利學術研討會論文集（人口老化與老年社會福利），2004年7月12日～16日。

民眾對「長照服務人員」的法律認識

李永然律師

一、台灣已是超高齡社會，民眾應重視長期照顧

隨著台灣邁入超高齡社會，對於老年人的長期照顧服務較往昔更受重視；為此立法院於民國104年間通過《長期照顧服務法》（以下簡稱「長服法」），該法並由總統於民國104年6月3日公布。透過該法，盼能健全我國的「長期照顧服務體制」，能提供長期照顧服務；藉以確保及支持服務品質，發展普及、多元及可負擔的服務，進而保障接受「服務者」與「照顧者」的尊嚴及權益。該法施行迄今多年，長期照顧服務距離前述理想的達成，尚有極大的努力空間。

在「長期照顧服務」中，「長期照顧服務人員」扮演相當重要的角色；所謂「長照服務人員」乃指經《長期照顧服務法》所定的訓練、認證，領有「證明」，得提供「長照服務」的人員。筆者擬藉本文剖析「長照服務的提供方式」、「長照服務人員的管理」、「長照服務人員的職責及法律責任」，俾讓民眾能認識「長照服務人員」。

二、長照服務的提供方式

首先談到長照服務的提供方式，依「長服法」第9條規定

，可區分下述方式：

(一)居家式長照服務

此乃指到宅提供服務，包括：身體照顧服務、日常生活照顧服務、家事服務、餐飲及營養服務、輔具服務、必要的住家設施調整改善服務、心理支持服務、緊急救助服務、醫事照護服務……等（「長服法」第10條）。

(二)社區式長照服務

於社區設定一定的「場所及設施」，提供日間照顧、家庭托顧、臨時住宅、團體家屬……小規模、多機能及其他整合性等服務，但不包括「機構住宿式長照服務」。包括的內容有身體照顧服務、日常生活照顧服務、臨時住宿服務、餐飲及營養服務、輔具服務、心理支持服務、醫事照顧服務、交通接送服務……等（「長服法」第11條）。

(三)機構住宿式長照服務

以受照顧者入住的方式，提供全時照顧或夜間住宿等之服務，包括：身體照顧服務、日常生活照顧服務、餐飲及營養服務、住宿服務、醫事照護服務、輔助服務、心理支持服務、緊急送醫服務……等（「長服法」第12條）。

(四)家庭照顧者支持服務

乃指為「家庭照顧者」所提供的定點、到宅等支持服務；

包括：有關資訊的提供及轉介、長照知識、技能訓練、喘息服務、情緒支持及團體服務的轉介、其他有助於提升「家庭照顧者」能力及其生活品質的服務（「長服法」第13條）。

㈤**其他經「中央主管機關」公告的服務方式**

三、長照服務人員的職責及法律責任

其次，長期人員必須經「認證」，且原則上須登錄於「長照機構」，才能提供「長照服務」（參見「長服法」第19條第1項前段）；同時還要接受一定積分的「繼續教育」、「在職訓練」課程內容（參見「長服法」第19條第2項）。

至於長照人員在職責上，必須注意以下兩點：

㈠長照人員對於「長照服務使用者」應給予適當的照顧與保護，不得有「遺棄」、「身心虐待」、「歧視」、「傷害」、「違法限制其人身自由」或其他侵害其權益的情事（參見「長服法」第44條）。

㈡長照人員對於因業務而知悉或持有他人的秘密，非依「法律規定」，不得洩漏（參見「長服法」第20條）。長照人員如有違反前述規定時，依「長服法」第54條第1項規定，處新台幣6,000元以上3萬元以下罰鍰，並限期令其改善；屆期未改善且情節重大者，處一個月以上一年以下停業處分。針對前述「行政處分」，倘長照人員不服時，則可依《訴願法》的規定，提起「訴願」，進行行政救濟。

民眾對「病人自主權利」的法律須知

李永然律師

一、我國已開始施行《病人自主權利法》

隨著時代的進步,病人的權利及醫療關係較往昔更受重視;我國立法院為尊重病人醫療自主、保障其善終權益,促進醫病關係和諧,三讀通過《病人自主權利法》,並由總院於民國105年元月6日公布,且該法自總統公布後「三年」施行,故該法自民國108年元月6日起施行(《病人自主權利法》第19條)。

既然該法已正式施行,民眾自有瞭解的必要,俾保自己萬一生病時的「善終權」。

二、病人何時可以預立「醫療決定」?

首先民眾應瞭解「預立醫療決定」的意義。其乃指事先立下的「書面」意思表示,指明處於特定臨床條件時,希望接受或拒絕的維持生命治療(註1)、人工營養及流體餵養或其他與醫療照護、善終等相關意願的決定(《病人自主權利法》第3條第3款)。

民眾如欲為「預立醫療決定」,必須具備法定條件即一定程序,此也有了解的必要。在條件方面必須是具「完全的行為

能力之人」，才可以預立醫療決定（《病人自主權利法》第8條第1項）。

至於其程序，必須符合下述規定：

㈠經醫療機構提供「預立醫療照護諮商」，並經其於預立醫療決定上核章證明；

㈡經公證人（註2）公證或具完全行為能力者二人以上在場見證；

㈢經註記於「全民健康保險憑證」（《病人自主權利法》第9條第1項）。

如果找「見證人」時，也應注意不得有下述消極資格之情事，即意願人的「醫療委任代理人」、主責照護醫療團隊成員、意願人的受遺贈人、意願人遺體或器官指定的受贈人及其他因意願人死亡而獲得利益之人都不得擔任「見證人」（參見《病人自主權利法》第9條第4項）。

三、如何進行醫療照護諮商？

其次，民眾應瞭解「醫療照護諮商」，因為想做「預立醫療決定」的條件之一，必須有「醫療機構」提供「預立醫療照護諮商」。其乃指病人與醫療服務提供者、親屬或其他相關人士所進行的溝通過程，商討當病人處於「特定臨床條件」、意識昏迷或無法清楚表達意願時，對病人應提供的適當照護方式以及病人得接受或拒絕的維持生命治療與人工營養及流體餵養（《病人自主權利法》第3條第6款）。

病人進行前述的「預立醫療照護諮商」須注意以下三點：

㈠須有「醫療委任代理人」參與。所謂「醫療委任代理人」，乃指接受意願人「書面」委任，於意願人意識昏迷或無法清楚表達意願時，代理意願人表達意願之人（《病人自主權利法》第3條第5款）。又「醫療委任代理人」資格方面，可分「積極資格」、「消極資格」：

1.積極資格：必須是成年（即滿十八歲）且具完全行為能力之人，並經其書面同意始得任之。

2.下列之人，除意願人的繼承人外，不得擔任：(1)意願人的受遺贈人；(2)意願人的遺體或器官指定的受贈人；(3)其他因意願人死亡而獲得利益的人（《病人自主權利法》第10條第1項、第2項）。

● 進行預立醫療諮商圖

意願人 ＋ 兩位見證人 ＋ 預立醫療照護諮商小組

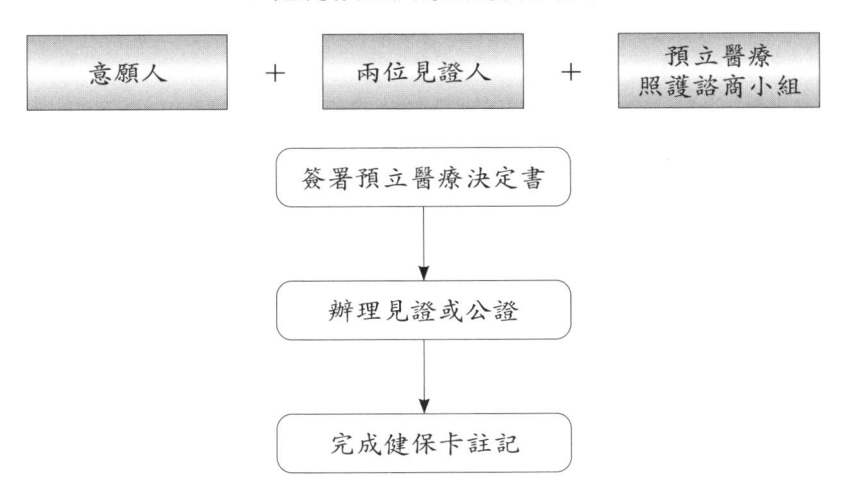

↓

簽署預立醫療決定書

↓

辦理見證或公證

↓

完成健保卡註記

（本圖摘自謝青樺、李秋藝、林翰飛合著《不擔憂的後半生》一書，頁109，2024年12月4刷，如何出版社出版）

●預立醫療決定書（摘錄）

意願人：

預立醫療決定書

本人＿＿＿＿＿＿＿＿＿＿＿＿＿（正楷簽名）經「預立醫療照護諮商」，已經清楚瞭解「病人自主權利法」，賦予病人在特定臨床條件下，接受或拒絕維持生命治療，或人工營養及流體餵養的權利。本人作成預立醫療決定（如第一部分、第二部分及附件），事先表達個人所期待的臨終醫療照護模式，同時希望親友尊重我的自主選擇。

意願人

姓名：＿＿＿＿＿＿＿＿＿＿＿　簽署：＿＿＿＿＿＿＿＿＿＿＿＿＿

國民身分證統一編號/居留證或護照號碼：＿＿＿＿＿＿＿＿＿＿＿＿＿

住址：＿＿＿＿＿＿＿＿＿＿＿＿＿＿＿＿＿＿＿＿＿＿＿＿＿＿＿＿＿

電話：＿＿＿＿＿＿＿＿＿＿＿

日期：中華民國＿＿＿年＿＿＿月＿＿＿日　　時間：＿＿＿時＿＿＿分

見證或公證證明

我選擇以下列方式完成預立醫療決定之法定程序（請擇一進行）：

1、二名見證人在場見證：

見證人1　簽署：＿＿＿＿＿＿＿＿＿＿＿　關係：＿＿＿＿＿＿＿＿＿＿＿
　　　　　連絡電話：＿＿＿＿＿＿＿＿＿＿＿＿＿＿＿＿＿＿＿＿＿＿＿
　　　　　國民身分證統一編號/居留證或護照號碼：＿＿＿＿＿＿＿＿＿＿

見證人2　簽署：＿＿＿＿＿＿＿＿＿＿＿　關係：＿＿＿＿＿＿＿＿＿＿＿
　　　　　連絡電話：＿＿＿＿＿＿＿＿＿＿＿＿＿＿＿＿＿＿＿＿＿＿＿
　　　　　國民身分證統一編號/居留證或護照號碼：＿＿＿＿＿＿＿＿＿＿
　　　　　日期：中華民國＿＿＿年＿＿＿月＿＿＿日

2、公證：

公證人認證欄位：

日期：中華民國＿＿＿年＿＿＿月＿＿＿日

說明：

一、 見證人必須具有完全行為能力，且親自到場見證您是出於自願、並無遭受外力脅迫等情況下簽署預立醫療決定（病人自主權利法第九條第一項第二款）。

二、 見證人不得為意願人所指定之醫療委任代理人、主責照護醫療團隊成員、以及繼承人之外的受遺贈人、遺體或器官指定之受贈人、其他因意願人死亡而獲得利益之人（病人自主權利法第九條第四項）。

三、 根據公證法第二條之規定，公證人因當事人或其他關係人之請求，就法律行為及其他關於私權之事實，有作成公證書或對於私文書予以認證之權限。公證人對下列文書，亦得因當事人或其他關係人之請求予以認證：一、涉及私權事實之公文書原本或正本，經檢明係持往境外使用者。二、公、私文書之繕本或影本。

意願人：

第一部分 醫療照護選項

臨床條件	醫療照護方式	我的醫療照護意願與決定 （以下選項，均為單選）
一、末期病人	維持生命治療	1、我不希望接受維持生命治療。 2、我希望在＿＿＿＿＿＿＿＿內，接受維持生命治療的嘗試，之後請停止；但本人或醫療委任代理人得於該期間內，隨時表達停止的意願。 3、如果我已經意識昏迷或無法清楚表達意願，由我的醫療委任代理人代為決定。 4、我希望接受維持生命治療。
一、末期病人	人工營養及流體餵養	1、我不希望接受人工營養及流體餵養。 2、我希望在＿＿＿＿＿＿＿＿內，接受人工營養及流體餵養的嘗試，之後請停止；但本人或醫療委任代理人得於該期間內，隨時表達停止的意願。 3、如果我已經意識昏迷或無法清楚表達意願，由我的醫療委任代理人代為決定。 4、我希望接受人工營養及流體餵養。
二、不可逆轉之昏迷	維持生命治療	1、我不希望接受維持生命治療。 2、我希望在＿＿＿＿＿＿＿＿內，接受維持生命治療的嘗試，之後請停止；但醫療委任代理人得於該期間內，隨時表達停止的意願。 3、請由我的醫療委任代理人代為決定。 4、我希望接受維持生命治療。
二、不可逆轉之昏迷	人工營養及流體餵養	1、我不希望接受人工營養及流體餵養。 2、我希望在＿＿＿＿＿＿＿＿內，接受人工營養及流體餵養的嘗試，之後請停止；但醫療委任代理人得於該期間內，隨時表達停止的意願。 3、請由我的醫療委任代理人代為決定。 4、我希望接受人工營養及流體餵養。
三、永久植物人狀態	維持生命治療	1、我不希望接受維持生命治療。 2、我希望在＿＿＿＿＿＿＿＿內，接受維持生命治療的嘗試，之後請停止；但醫療委任代理人得於該期間內，隨時表達停止的意願。 3、請由我的醫療委任代理人代為決定。 4、我希望接受維持生命治療。
三、永久植物人狀態	人工營養及流體餵養	1、我不希望接受人工營養及流體餵養。 2、我希望在＿＿＿＿＿＿＿＿內，接受人工營養及流體餵養的嘗試，之後請停止；但醫療委任代理人得於該期間內，隨時表達停止的意願。 3、請由我的醫療委任代理人代為決定。 4、我希望接受人工營養及流體餵養。

意願人：

臨床條件	醫療照護方式	我的醫療照護意願與決定 （以下選項，均為單選）
四、極重度失智	維持生命治療	1、我不希望接受維持生命治療。 2、我希望在＿＿＿＿＿＿＿＿內，接受維持生命治療的嘗試，之後請停止；但醫療委任代理人得於該期間內，隨時表達停止的意願。 3、請由我的醫療委任代理人代為決定。 4、我希望接受維持生命治療。
	人工營養及流體餵養	1、我不希望接受人工營養及流體餵養。 2、我希望在＿＿＿＿＿＿＿＿內，接受人工營養及流體餵養的嘗試，之後請停止；但醫療委任代理人得於該期間內，隨時表達停止的意願。 3、請由我的醫療委任代理人代為決定。 4、我希望接受人工營養及流體餵養。
五、其他經中央主管機關公告之疾病或情形	維持生命治療	1、我不希望接受維持生命治療。 2、我希望在＿＿＿＿＿＿＿＿內，接受維持生命治療的嘗試，之後請停止；但本人或醫療委任代理人得於該期間內，隨時表達停止的意願。 3、如果我已經意識昏迷或無法清楚表達意願，由我的醫療委任代理人代為決定。 4、我希望接受維持生命治療。
	人工營養及流體餵養	1、我不希望接受人工營養及流體餵養。 2、我希望在＿＿＿＿＿＿＿＿內，接受人工營養及流體餵養的嘗試，之後請停止；但本人或醫療委任代理人得於該期間內，隨時表達停止的意願。 3、如果我已經意識昏迷或無法清楚表達意願，由我的醫療委任代理人代為決定。 4、我希望接受人工營養及流體餵養。

（本文取材自衛生福利部網站：https://hpcod.mohw.gov.tw/HospWeb/RWD/PageType/acp/acpa.aspx）

四、醫療機構或醫師何種情形下，可依病人的「預立醫療決定」處理？

又已經完成「預立醫療決定」，在何種情形下醫療機構或醫師可依「預立醫療決定」的內容處理？依《病人自主權利法》第14條第1項規定，須病人符合下列「臨床條件」之一，方得依病人所「預立醫療決定」終止、撤除或不施行維持生命治療或人工營養及流體餵養之全部或一部：㈠末期病人（註3）；㈡處於不可逆轉的昏迷狀況；㈢永久植物人狀態（註4）；㈣極重度失智（註5）；㈤其他經中央主管機關公告之病人疾病狀況或痛苦難以忍受、疾病無法治療且依當時醫療水準無其他合適解決方法的情形。

五、結語

以上說明供民眾於自己或親人生病，而有要運用「自主權利」，保障善終權時，即可以前述相關說明進行操作。

註1：所謂「維持生命治療」，是指心肺復甦術、機械式維生系統、血液製品、為特定疾病而設的專門治療、重度感染時所給予的抗生素等任何有可能延長病人生命的必要醫療措施。

註2：公證人包括「法院公證人」、「民間公證人」。

註3：「末期病人」的確診，應由二位與該疾病診斷或治療相關的專科醫師為之（《病人自主權利法施行細則》第10條第2項）。

註4：「永久植物人狀態」乃指因腦部病變，經檢查顯示符合下列情形之一：1.因外傷所致，其植物人狀態超過六個月無改善跡象；2.非因外傷所

致,其植物人狀態超過三個月無改善跡象(《病人自主權利法施行細則》第12條第1項)。

註5:「極重度失智」乃指確診失智程度嚴重,持續有意識障礙,導致無法進行生活自理、學習或工作,並符合下列情形之一:1.臨床失智評估量表達三分以上;2.功能性評估量表達七分以上(《病人自主權利法》第13條第1項)。

第六篇 繼承相關司法實務

《家事事件法》所規定的家事事件有「家事訴訟」與「家事非訟」之分,「家事訴訟」又可分為「家事身分(人身)訴訟」或「家事財產(權)訴訟」之分,而「家事非訟」也有「家事身分非訟」或「家事財產非訟」之分。

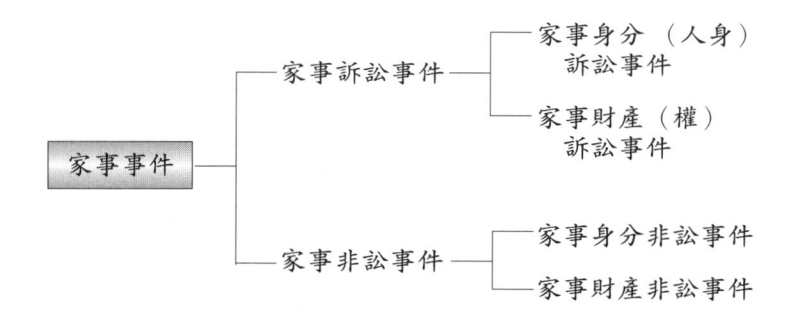

```
家事事件 ─┬─ 家事訴訟事件 ─┬─ 家事身分(人身)訴訟事件
          │                └─ 家事財產(權)訴訟事件
          └─ 家事非訟事件 ─┬─ 家事身分非訟事件
                          └─ 家事財產非訟事件
```

繼承家事事件有哪些？

李永然律師

一、家事事件共分五類

依《家事事件法》第3條規定，家事事件共分甲、乙、丙、丁、戊五類，繼承案件有屬於「丙類」的，也有屬於「丁類」的。

(一)屬於「丙類事件」者

因繼承回復、遺產分割、特留分、遺贈、確認遺囑真偽或其他繼承關係所生請求事件。

(二)屬於「丁類事件」者

1.拋棄繼承、無人承認繼承及其他繼承事件。
2.指定遺囑執行人事件。

二、家事事件程序的特點

(一)程序原則不公開

家事事件因多涉及當事人間不欲人知之私密事項，為保護家庭成員之隱私及名譽、發現真實、尊重家庭制度，以利圓融處理，原則上以不公開法庭行之。但當事人對無妨礙公共秩序

或善良風俗之事件合意公開，或經有法律上利害關係之第三人聲請，或法律另有規定者，審判長或法官應准其旁聽，以保障當事人、利害關係人之程序主體地位。又審判長或法官准許旁聽之處分，為程序進行中之處分，自不得聲明不服。

《家事事件法》第9條：

家事事件之處理程序，以不公開法庭行之。但有下列各款情形之一者，審判長或法官應許旁聽：
一、經當事人合意，並無妨礙公共秩序或善良風俗之虞。
二、經有法律上利害關係之第三人聲請。
三、律別有規定。
審判長或法官認為適當時，得許就事件無妨礙之人旁聽。

(二)採行「職權探知」主義，而非如一般民事案件採「當事人進行主義」

家事事件多與身分關係有關，並涉及公益，故在審理程序中，為求法院裁判與事實相符，並保護受裁判效力所即之利害關係第三人，及便於綜合處理家事紛爭，乃採行「職權探知主義」（註1）。

《家事事件法》第10條：

法院審理家事事件認有必要時，得斟酌當事人所未提出之事實，並依職權調查證據。但法律別有規定者，不在此限。

離婚、終止收養關係、分割遺產或其他當事人得處分之事項，準用民事訴訟法第二編第一章第二節有關爭點簡化協議、第三節有關事實證據之規定。但有下列各款情形之一者，適用前項之規定：

一、涉及家庭暴力或有危害未成年子女利益之虞。

二、有害當事人或關係人人格權之虞。

三、當事人自認及不爭執之事實顯與事實不符。

四、依其他情形顯失公平。

第一項情形，法院應使當事人或關係人有辯論或陳述意見之機會。

(三)家事事件中有「程序能力」的規定

家事事件有「訴訟事件」與「非訟事件」之分，《家事事件法》中新創一名詞，即「程序能力」，當事人「程序能力」，非以《民法》上的「行為能力」為判斷，而是以「意思能力」為判斷標準（註2）。

《家事事件法》第14條：

能獨立以法律行為負義務者，有程序能力。

滿七歲以上之未成年人，除法律別有規定外，就有關其身分及人身自由之事件，有程序能力。

不能獨立以法律行為負義務，而能證明其有意思能力者，除法律別有規定外，就有關其身分及人身自由之事件，亦有程序能力。

(四)繼承訴訟事件為「丙類事件」，於請求法院裁判前，應經法院調解

家事事件除「丁類事件」外，採用「調解前置主義」。

《家事事件法》第23條第1項：
家事事件除第三條所定丁類事件外，於請求法院裁判前，應經法院調解。

《家事事件法》第31條第5、6項：
調解程序中，當事人所為之陳述或讓步，於調解不成立後之本案裁判程序，不得採為裁判之基礎。
前項陳述或讓步，係就程序標的、事實、證據或其他事項成立書面協議者，如為得處分之事項，當事人應受其拘束。但經兩造同意變更，或因不可歸責於當事人之事由或依其他情形協議顯失公平者，不在此限。

(五)「繼承訴訟事件」之審理採行「處分權主義」，「繼承非訟事件」則依不同事件採行「處分權主義」或「公權主義」

1. 「繼承訴訟事件」之審理採行「處分權主義」，家事訴訟審判程序之開始，繫於當事人（原告）之起訴（《家事事件法》第38條），當事人對於程序是否開始，有主導權、決定之自由及責任，亦即「無訴即無裁判」原則。

2. 「繼承非訟事件」包含「聲請事件」及「職權事件」，於「聲請事件」，其審理固採用「處分權主義」，關係人（聲

請人）就程序是否開始，有主導權、決定之自由及責任，例如「拋棄繼承、無人承認繼承及其他繼承」事件；但於「職權事件」，其審理不採處分權主義，而採行「公權主義」，除檢察官、主管機關、社會福利機構或警察機關得聲請外，於法院認法律規定之要件存在或其存在可能性大之情形，法院即應或得自動開始程序。此等「職權事件」之審判程序，法律有明定法院應或得依職權開始者，如「選任遺產管理人」事件（《民法》第1178條第2項）、「保存遺產處置」事件（《民法》第1178條之1）；法律有明定得由「利害關係人」為聲請者，如「指定遺囑執行人」事件（《民法》第1211條、第1218條）（註3）。

(六)「繼承訴訟事件」審判對象及範圍均由起訴之當事人限定，而「繼承非訟事件」，法院之審判不受當事人聲明之拘束

1. 「家事訴訟事件」之審理採「處分權主義」，起訴之當事人就本案審判對象及範圍有特定之權限，得藉此將可能伴生之程序上不利益排除於審判範圍外，故其於起訴時應將「訴訟標的」及「訴之聲明」表明於「書狀」，其「訴之聲明」即對法院有拘束性，法院不得超過當事人之聲明範圍為裁判，亦不得就當事人未主張之「訴訟標的」審判（《家事事件法》第38條第1項第2款、第3款、第51條準用《民事訴訟法》第388條）。

2. 「家事非訟事件」之審理排除「處分權主義」，並無法

院不得超過當事人之聲明範圍為裁判之限制,即使是由關係人(聲請人)聲請者,法院亦多不受其聲明(聲明意旨)之拘束(註4)。

註1:郭欽銘著:家事事件法逐條解析,頁47,2013年7月初版第1刷,元照出版有限公司出版。

註2:郭欽銘著:前揭書,頁56～57。

註3:許士宦著:家事審判與債務執行,頁49～69,2013年12月一版第1刷,新學林初版股份有限公司。

註4:許士宦著:前揭著,頁7～97。

繼承家事事件如何進行訴訟？

李永然律師

一、遺產分割之訴

㈠定義

於被繼承人死亡，而有複數繼承人共同繼承時，繼承人以消滅公同共有關係為目的，依應繼分比例將繼承財產分配予繼承人。

㈡遺產之共同繼承

1.各繼承人對於遺產公同共有（《民法》第1151條）。

2.繼承人對於被繼承人之債務，以因繼承所得遺產為限，負連帶責任。

3.繼承人相互間對於被繼承人之債務，除法律另有規定或另有約定外，按其應繼分比例負擔之（《民法》第1153條）。

㈢分割時點

繼承人得隨時請求分割遺產（《民法》第1164條）。

㈣分割方法

被繼承人之遺囑，定有分割遺產之方法，或託他人代定者，從其所定。遺囑禁止遺產之分割者，其禁止之效力以十年為限（《民法》第1165條）。

(五)**程序要件**

1.請求遺產分割之民事訴狀，宜附具「繼承系統表」及「遺產清冊」（《家事事件法》第71條）。

2.於遺產分割訴訟中，關於繼承權有爭執者，法院應曉諭當事人得於同一訴訟中為「請求之追加」或提起「反請求」（《家事事件法》第72條）。

3.當事人全體就遺產分割方法達成協議者，除有和解之情形外，法院應斟酌其協議為裁判（《家事事件法》第73條）。

4.如果當事人成立訴訟上和解有關身分之事項，且依法應辦理登記者，法院應依職權通知該管戶政機關，避免當事人成立訴訟上和解，但戶政機關卻不承認和解效力的窘境。

案例：

甲的住所在彰化市，其配偶乙先於甲去世，甲於民國97年12月1日去世，在彰化市留有三筆土地，及在○○銀行之存款三百萬元，甲有子女四人即丙、丁、戊、己，對遺產如何分配，四人無法達成共識，丙擬向法院提起遺產分割之訴。

解析：

訴訟實務上，為求簡潔明確，多會將繼承項目及分配方法以附表方式附註。

因此，請求法院判決的聲明如下：
一、請准兩造就被繼承人甲如附表一、附表二所示之遺產應予分割。分割方法如附表一、附表二分割方法欄所示。
二、訴訟費用由被告負擔（註1）。

(六)遺產分割與夫妻剩餘財產差額分配請求權

1.夫妻財產制概說：

夫妻財產制，乃夫妻間依照雙方對於未來生活的財產安排，由雙方就《民法》規定之財產制選擇其一，作為婚姻存續中內部及外部財產安排之規範。

《民法》規定之夫妻財產制共三種：共同財產制、分別財產制、法定財產制。夫妻可以自行以契約訂立夫妻財產制，若夫妻未訂立夫妻財產制時，即以「法定財產制」作為其夫妻財產制。

2.剩餘財產差額分配請求權之緣由：

夫或妻對其個人財產擁有獨立的所有權，得自由管理、使用收益、處分其個人財產，個人於婚前或婚後產生的債務，也各自該債務負清償責任。

雖「法定財產制」講求「財產各自管理」，但婚姻關係存續中，夫妻雙方財產之增加，往往是夫妻共同努力的成果，從事家務勞動較多之一方，其對家庭之貢獻難以反映在個人財產收入上，因此，為了評價夫妻一方之辛勞，當「法定財產制」關係消滅時（例如夫妻離婚、一方死亡、結婚經撤銷、夫妻一

方聲請改用分別財產制、夫妻協議改用其他財產制），夫或妻現存之「婚後財產」，如有剩餘，剩餘較少之一方得向剩餘較多之一方請求雙方差額之二分之一，此即爲「夫妻剩餘財產差額分配請求權」。

3.實務見解：

(1)最高法院101年度台上字第941號判決要旨：「法定財產制關係消滅時，夫或妻之剩餘財產差額分配請求權，乃立法者就夫或妻對家務、教養子女及婚姻共同生活貢獻所作之法律上評價；與繼承制度，係因人死亡，由具有一定身分之生存者，包括的繼承被繼承人財產上之權利義務之規範目的未盡相同，配偶之夫妻剩餘財產差額分配請求權與繼承權，性質上本可相互併存。且民法第1030條之1第1項規定之分配請求權，於配偶一方先他方死亡時，係屬生存配偶本於配偶身分對其以外之繼承人主張之債權，與該生存配偶對於先死亡配偶之繼承權，爲各別存在之請求權迥然不同。」。

(2)最高法院105年度台上字第1750號判決要旨：「夫或妻婚後收益之盈餘（淨益），實乃雙方共同創造之結果，法定財產制關係消滅時，應使他方得就該盈餘或淨益予以分配，始符公平。爲求衡平保障夫妻雙方就婚後財產盈餘之分配，及貫徹男女平等原則，民法親屬編於74年6月3日修正時，參考德國民法有關夫妻法定財產制即『淨益共同制』之『淨益平衡債權』規範，增設第1030條之1，規定法定財產制（原聯合財產制）關係消滅時，夫或妻得就雙方剩餘婚後財產之差額請求分配。所謂差額，係指就雙方剩餘婚後財產之價值計算金錢數額而言

。上開權利之性質,乃金錢數額之債權請求權,並非存在於具體財產標的上之權利,自不得就特定標的物為主張及行使。是以,除經夫妻雙方成立代物清償合意(民法第319條規定參照),約定由一方受領他方名下特定財產以代該金錢差額之給付外,夫妻一方無從依民法第1030條之1規定,逕為請求他方移轉其名下之特定財產。」。

案例:

原告丁與甲於民國89年間結婚,婚後原告丁辭職持家,原告丁並無任何婚後財產,甲並無婚前財產,甲的婚後財產為一千二百萬元。未料甲於103年間死亡,繼承人有配偶即原告丁、甲的父母即乙、丙等三人。原告丁與甲婚後未約定夫妻財產制,甲留有財產一千二百萬元,然而乙、丙拒絕分配甲之遺產給原告丁,請問原告丁如何向乙、丙請求?

解析:

訴訟實務上,因原告丁與甲並未約定夫妻財產制,依法係通用「法定財產制」,原告丁得依《民法》第1030條之1第1項規定,先行使夫妻剩餘財產差額分配請求權,再依《民法》第1144條第2款請求分配遺產的二分之一。

原告請求法院判決的聲明如下:

一、被告應連帶給付原告新台幣(下同)九百萬元及自起訴狀繕本送達翌日起至清償日止,按年息百分之五計算之利息。

二、請准供擔保宣告假執行。

二、回復繼承權之訴

㈠法定要件

《民法》第1146條規定，繼承權被侵害者，被害人或其法定代理人得請求回復之。

前項回復請求權，自知悉被侵害之時起，二年間不行使而消滅；自繼承開始時起逾十年者亦同。

所謂「繼承權被侵害」，是指繼承開始後，若有人自命為繼承人，否定真正繼承人的繼承權，而以繼承人的身分概括地占有遺產標的物者。大法官釋字第437號解釋細分於繼承開始時自稱為繼承人的「自命繼承人」與繼承開始後僭稱繼承人之「僭稱繼承人」（註2）。所以，繼承權被侵害，實含有「繼承資格被否定」及「遺產標的物被概括占有」二種意義。

此外，繼承權被侵害之意義，係指自命繼承人排除原繼承人之繼承權利。然而有判決以「不當得利」及「所有物返還請求權」請求返還遺產，法院認為不當得利的消滅時效是從無權處分行為作成之時起算，並非取得繼承登記的時點開始計算消滅時效。

㈡實務見解

1.大法官釋字第437號解釋文：「繼承因被繼承人死亡而開始。繼承人自繼承開始時，除民法另有規定及專屬於被繼承

人本身之權利義務外，承受被繼承人財產上之一切權利義務，無待繼承人為繼承之意思表示。繼承權是否被侵害，應以繼承人繼承原因發生後，有無被他人否認其繼承資格並排除其對繼承財產之占有、管理或處分為斷。凡無繼承權而於繼承開始時或繼承開始後僭稱為真正繼承人或真正繼承人否認其他共同繼承人之繼承權，並排除其占有、管理或處分者，均屬繼承權之侵害，被害人或其法定代理人得依民法第1146條規定請求回復之，初不限於繼承開始時自命為繼承人而行使遺產上權利者，始為繼承權之侵害。最高法院53年台上字第592號判例之本旨，係認自命為繼承人而行使遺產上權利之人，必須於被繼承人死亡時即已有侵害繼承地位事實之存在，方得謂為繼承權被侵害態樣之一；若於被繼承人死亡時，其繼承人間對於彼此為繼承人之身分並無爭議，迨事後始發生侵害遺產之事實，則其侵害者，為繼承人已取得之權利，而非侵害繼承權，自無民法第1146條繼承回復請求權之適用。在此範圍內，該判例並未增加法律所無之限制，與憲法尚無牴觸。」。

　　2.最高法院53年度台上字第1928號判例：「繼承回復請求權，係指正當繼承人，請求確認其繼承資格及回復繼承標的之權利而言，此項請求權，應以與其繼承爭執資格之表見繼承人為對象，向之訴請回復，始有民法第1146條第2項時效之適用（註3）。」。

　　3.最高法院106年度台上字第1162號判決要旨：「按消滅時效，自請求權可行使時起算，民法第128條前段定有明文。又無權處分他人之土地而受有處分土地之價金利益，係違反權

益歸屬內容,致土地之所有權人受損害,並無法律上之原因,應成立不當得利(侵害所有權之不當得利類型),其不當得利返還請求權之消滅時效,應自不當得利成立要件具備即財貨發生損益變動(一方受利益致他方受損害),而無法律上原因時起算。至於辦理繼承登記所取得者僅係登記之利益,與無權處分該登記之不動產所取得之價金或價金請求權之利益,並不相同。本件附表二所示土地應有部分各四分之一為李○池遺產,李×並非李○池之繼承人,卻於82年7月26日辦妥繼承登記,分得該土地應有部分二十分之一,並於94年8月15日將附表二所示土地出賣予銘○公司,將附表二所示土地所有權移轉登記予林○佳名下,於94年8月15日收得買賣價款,乃原審所確定之事實。果爾,李×自屬無權處分上開土地而獲有取得出賣價金之利益,致土地之真正所有權人李○冶受有損害,則李○冶所有權受侵害之不當得利返還請求權似應於兩造間之不當得利成立要件具備時始得行使。原審見未及此,徒以李○冶之不當得利返還請求權自李×於82年7月26日辦理繼承登記完畢即可行使,其遲至100年12月7日始起訴請求,已罹於十五年消滅時效云云,而為李○冶不利之論斷,自有可議。李○冶上訴論旨,指摘原判決關於此部分為不當,求為廢棄,非無理由。」

案例:

緣原告丁之生母A與被繼承人甲間雖無夫妻關係,然二人相戀後生下原告丁,原告丁為被繼承人甲之親生子女,業經另訴確認親子關係存在確定。嗣甲未及認領原告丁,即於民國103年間過世,留下一間不動產

及部分動產。甲與配偶乙則育有丙，乙、丙先就甲的遺產辦理繼承登記，該不動產由乙單獨繼承。請問原告如何向乙、丙請求？

解析：

訴訟實務上，於其他繼承人已辦理繼承登記的情形下，原告會先請求法院判決將已辦理之繼承登記塗銷，遺產回復公同共有，然後再訴請分割遺產。

原告請求判決的聲明如下：

一、被告乙應將坐落某處建物及某地號土地，於某年某月某日辦理之繼承登記塗銷，回復為原告、被告丙及被告乙公同共有。

二、被告乙、丙應偕同原告就某處建物及某地號土地辦理繼承登記。

三、被告乙、丙應將附表一所示被繼承人甲之遺產，其中動產部分交付返還原告、被告丙及被告乙公同共有。

四、被繼承人甲所遺如附表一所示之遺產，准由原告被告乙、丙依附表一所示之方式分割。

五、第一項至第三項之訴訟費用由被告乙、丙連帶負擔，其餘部分由兩造依應繼分之比例負擔。

三、履行遺贈之訴

(一)定義

遺贈，是遺囑人依遺囑對於他人（受遺贈人）無償給付財產上利益之單獨行為，其效力於遺贈人死亡時發生。與「死後贈與契約」屬於雙方合意的契約行為不同。

(二)性質

　　1.遺囑自遺囑人死亡時發生效力（《民法》第1199條）。

　　2.遺贈僅具債權之效力，於限定繼承之情形，繼承人須先清償債務後始得對受遺贈人交付遺贈（《民法》第1160條）。

　　3.於無人承認繼承之情形，債務之清償亦優先於遺贈物之交付（《民法》第1179條第2項）。

(三)要件

　　1.遺囑須有效成立，《民法》關於遺囑能力的規定如下（《民法》第1186條）：無行為能力人，不得為遺囑。限制行為能力人，無須經法定代理人之允許，得為遺囑。但未滿十六歲者，不得為遺囑。

　　2.受遺贈人須於遺贈生效時尚存在（《民法》第1201條）

　　3.遺贈之財產須於遺囑人死亡時屬於遺產，若遺贈人於生前將該遺贈標的物所有權讓與他人，其所為之遺囑視為撤回（《民法》第1221條）。

　　4.遺贈須不違反特留分之規定（《民法》第1187條）。

　　5.受遺贈人須未喪失受遺贈權（《民法》第1188條準用《民法》第1145條）。

　　《民法》第1145條：

有左列各款情事之一者，喪失其繼承權：
一、故意致被繼承人或應繼承人於死或雖未致死因而受刑之宣告者。
二、以詐欺或脅迫使被繼承人為關於繼承之遺囑，或使其撤回或變更之者。
三、以詐欺或脅迫妨害被繼承人為關於繼承之遺囑，或妨害其撤回或變更之者。
四、偽造、變造、隱匿或湮滅被繼承人關於繼承之遺囑者。
五、對於被繼承人有重大之虐待或侮辱情事，經被繼承人表示其不得繼承者。
前項第二款至第四款之規定，如經被繼承人宥恕者，其繼承權不喪失。

㈣遺贈之承認與拋棄

1.遺贈之承認：

繼承人或其他利害關係人，得定相當期限，請求受遺贈人於期限內為承認遺贈與否之表示，期限屆滿，尚無表示者，視為承認遺贈。受遺贈人為遺贈之承認，即失去拋棄遺贈之自由（《民法》第1207條）。

2.受遺贈人在遺囑人死亡後得拋棄遺贈，拋棄遺贈溯及遺囑人死亡時生效：

遺囑人死亡後，受遺贈人得拋棄遺贈，遺贈之拋棄溯及遺囑人死亡時生效。遺贈拋棄後，與遺贈無效的效力相同，其遺

贈之財產仍屬於遺產（《民法》第1206條、第1208條）。

㈤遺贈亦可以附負擔請求受遺贈人履行

《民法》第1205條：

遺贈附有義務者，受遺贈人以其所受利益為限，負履行之責。

遺囑人為繼承人或第三人之利益，對於受遺贈人課以履行一定義務所為之單獨行為。此行為不以相對人之承諾為必要，負擔亦非遺贈之對待給付，與遺贈亦不構成對價關係，受遺贈人縱未履行負擔，遺贈義務人亦不得拒絕交付遺贈物。

案例：

甲於民國88年2月28日預立遺囑，將其名下土地贈與乙、丙、丁三人。甲不幸於民國88年3月31日死亡，然甲有無繼承人、甲之繼承人為何人，皆不明確，迄98年間，乙、丙、丁聲請戊為遺產管理人，法院定七個月期間公示催告甲之繼承人承認繼承，七個月期滿，仍無人申報權利。因此，乙、丙、丁於101年8月22日函請戊履行遺贈，但戊遲未履行，乙、丙、丁於103年10月8日起訴請求戊履行遺贈。

按請求權，因十五年間不行使而消滅；消滅時效，自請求權可行使時起算，《民法》第125條、第128條定有明文。

試問：乙、丙、丁之請求權是否已罹於時效？

解析：

一、按《民法》第1199條規定,「遺贈」於「遺囑人」死亡時發生效力,「遺贈」生效時,「受遺贈人」僅取得請求「遺贈義務人」交付遺贈物之權利,故「受遺贈人」行使履行遺贈請求權,以「受遺贈人」對「遺贈義務人」表示「請求履行之意思」為必要。

二、次按《民法》第94條、第95條規定,該意思表示以義務人了解或到達義務人時發生效力,於遺囑人無繼承人且未有遺囑執行人、遺產管理人之情形,客觀上既欠缺得受意思表示之人,受遺贈人之請求權自無從行使,必依法有受意思表示之義務人產生,其請求權得行使,消滅時效方可起算。

三、查甲固於民國88年3月31日死亡,遺贈雖自該時起發生效力,然其繼承人有無不明,迄民國98年間,乙、丙、丁始聲請法院指定被上訴人為遺產管理人,法院並定七個月期間公示催告甲之繼承人承認繼承,七個月期滿無人申報權利。在此之前,乙、丙、丁無請求之對象,則上訴人請求為所有權移轉登記及交付遺贈物之權利難以行使,該請求權時效應尚未罹於時效(最高法院106年度台上字第127號判決參照)。

案例:

被繼承人甲屬被告列管之散居單身榮民,嗣於民國95

年4月16日不幸往生，甲遺留未保存登記之建物及現金若干，然而甲在台從未結婚生子，故遺產無人承認，被告依法為被繼承人甲之遺產管理人。甲亡故後，被告發現甲生前於88年7月1日預立遺囑，書立遺囑，其內容略以：「一、死亡火化骨灰可灑入大海，讓它回歸自然。二、所遺違建住屋及其所有財物，統統毫無條件地平均分給乙、丙兄弟，作為他們的子女教育費用之用。」

被告嗣後通知乙、丙接受遺贈與否之意思表示，乙、丙表示接受並洽請被告交付遺贈物，孰料被告竟要求乙、丙持甲所書立之系爭遺囑送法院確認真偽。請問乙、丙如何向被告請求被告交付遺贈物？

解析：

訴訟實務上，原告請求法院判決的聲明如下：

一、被告應將坐落於某土地上之未保存登記房屋交付予原告乙、丙，由原告乙、丙按應有部分各二分之一共有取得。

二、被告應給付原告乙、丙各新台幣某元。

三、原告願供擔保，請准宣告假執行。

四、訴訟費用由被告負擔。

四、確認繼承權存在或不存在之訴

(一)喪失繼承權之法定事由均規定在《民法》第1145條

《民法》第1145條：

有下列各款情事之一者，喪失其繼承權：
一、故意致被繼承人或應繼承人於死或雖未致死因而受刑之宣告者。
二、以詐欺或脅迫使被繼承人為關於繼承之遺囑，或使其撤回或變更之者。
三、以詐欺或脅迫妨害被繼承人為關於繼承之遺囑，或妨害其撤回或變更之者。
四、偽造、變造、隱匿或湮滅被繼承人關於繼承之遺囑者。
五、對於被繼承人有重大之虐待或侮辱情事，經被繼承人表示其不得繼承者。

上述規定的立法理由不外：
1.維持社會的倫理道德；
2.避免遺產繼承秩序的混亂；
3.確保遺囑人的遺囑自由。

(二)以「絕對失權」為例

如上所述，《民法》訂有五種喪失繼承權的法定事由，而「當然失權」中的「絕對失權」，即「故意致被繼承人或應繼承人於死或雖未致死，因而受刑之宣告者」；構成此一法定喪失繼承權的事由，必須同時具備下述要件：

1.須繼承人本人所為；
2.須對被繼承人或應繼承人為之；

3.須有致死的故意,若無致死的故意,而僅有傷害的故意,而致死時,則非當然喪失繼承權(司法院83年12月14日廳民一字第22562號函覆台高院);

4.須受刑之宣告,乃指法院諭知「科刑的判決」案已確定者而言;至於無罪判決、免訴判決或不受理判決,就不符本法定事由,因而未喪失繼承權。

(三)以「表示失權」為例

「表示失權」不同於「當然失權」,《民法》第1145條第5款規定「表示失權」,即「對於被繼承人有重大之虐待或侮辱情事,經被繼承人表示其不得繼承的」,喪失其繼承權,構成此一法定喪失繼承權的事由,必須同時具備下述要件:

1.繼承人對被繼承人有重大的虐待或侮辱;

2.須被繼承人表示繼承人不得繼承。

現再將前述兩要件,詳述於後。

先就「繼承人對被繼承人有重大的虐待或侮辱」說明。所謂「虐待」,乃指予被繼承人以身體上或精神上痛苦之行為,且不以「積極行為」為限,更包括「消極行為」在內。最高法院72年台上字第4710號判決:「本件上訴人無不能同居之正當理由而拒絕與其夫施○○同居,幾達二十年之久,『且自承於知悉施○○患病三、四年,亦未曾隨侍在側看護,實際係對被繼承人施○○有重大之虐待……』。」(另參見最高法院74年台上字第1870號判決)。至於「侮辱」,乃指毀損被繼承人人格價值的行為,台灣高等法院90年度重家上字第1號民事判決

判示:「上訴人在印鑑證明書背面書寫『不光榮之財產,不願繼承』,並於盧○○在場時交付被上訴人,明顯係要盧○○知悉其財產係不光榮得來,甚且辱罵盧○○做不光榮之事,致得帕金森症不能行為;對盧○○人格予以毀損,已構成被繼承人有重大之侮辱」。

另外,「須經被繼承人表示繼承人不得繼承」,此一要件即須由被繼承人表示其不得繼承,且須經被繼承人之表示,才會失權,且台灣高雄少年及家事法院105年度家簡上字第4號判決要旨:「對於被繼承人有重大之虐待或侮辱情事,經被繼承人表示其不得繼承者,喪失其繼承權,《民法》第1145條第1項第5款明文規定。所謂『虐待』係指以身體上或精神上之痛苦加諸於被繼承人而言;所謂『侮辱』則謂毀損他方人格價值之行為。至於是否為重大之虐待或侮辱,須依客觀的社會觀念衡量之,亦即應考慮當事人之教育程度、社會地位、社會倫理觀念及其他一切情事,具體決定之。」。

案例:

被告與原告結婚已數十年,婚姻關係現仍存在,被告生性暴戾,動輒以口頭及行動侮辱原告,被告前即曾因細故而以口咬掉原告之耳朵,造成原告身體重大不治之傷害,對原告有重大虐待之行為,原告請求確認被告對其之繼承權不存在。

解析:

訴訟實務上,原告請求法院判決的「訴之聲明」例示如下:

一、確認被告對被繼承人即原告之繼承權不存在。

二、訴訟費用由被告負擔。

五、確認遺囑無效或真正之訴

(一)遺囑有五種方式

《民法》第1189條規定，遺囑有五種，遺囑應依下列方式之一為之：1.自書遺囑。2.公證遺囑。3.密封遺囑。4.代筆遺囑。5.口授遺囑。

(二)自書遺囑

1.法定要件：

《民法》第1190條：

自書遺囑者，應自書遺囑全文，記明年、月、日，並親自簽名；如有增減、塗改，應註明增減、塗改之處所及字數，另行簽名。

然而民眾自行寫遺囑時，常因疏未注意《民法》第1190條之規定，並未自行書寫遺囑全文，導致遺囑無效。

2.實務見解：

最高法院102年度台上字第900號裁定：「本件上訴人對於應適用家事事件法之原判決提起第三審上訴，雖以該判決違背法令為由，惟核其上訴理由狀所載內容，係就原審取捨證據、認定事實及解釋契約之職權行使所論斷：自書遺囑，必須具備遺囑人自書遺囑全文、記明年月日、親自簽名，始為有效。本

件系爭遺囑（民國95年所立）內容全部以電腦繕打文字方式製作列印，非上訴人之兄黃○夫親筆書寫遺囑全文，且上訴人並未舉證證明系爭遺囑確係黃○夫本人親自繕打遺囑全文，難認符合民法第1190條所定之要件而有效。從而，上訴人請求確認系爭自書遺囑有效，於法無據等情，指摘為不當，並就原審命為辯論或已論斷者，及其他與判決結果不生影響之理由，泛言謂為違法，而非表明該判決所違背之法令及其具體內容，暨依訴訟資料合於該違背法令之具體事實，更未具體敘述為從事法之續造、確保裁判之一致性或其他所涉及之法律見解具有原則上重要性之理由，難認其已合法表明上訴理由。依首揭說明，應認其上訴為不合法。按自書遺囑須以遺囑人自己直接書寫為要件，以憑筆跡鑑定是否為本人自筆，如以打字方式所為遺囑，即難認為有效之自書遺囑，上訴人主張自書遺囑應得由遺囑人使用電腦打字，並以此指摘原判決不當，亦難謂已合法表明上訴理由，附此敘明。」。

(三)公證遺囑

1.法定要件：

《民法》第1191條：

公證遺囑，應指定二人以上之見證人，在公證人前口述遺囑意旨，由公證人筆記、宣讀、講解，經遺囑人認可後，記明年、月、日，由公證人、見證人及遺囑人同行簽名，遺囑人不能簽名者，由公證人將其事由記明，使按指印代之。

前項所定公證人之職務,在無公證人之地,得由法院書記官行之,僑民在中華民國領事駐在地為遺囑時,得由領事行之。

特別須注意的是,立遺囑人精神狀態需良好,需由立遺囑人指定二人以上見證人,見證人需在場全程見證遺囑之訂立,並需在公證人面前口述遺囑內容,不得僅使用搖頭、點頭方式說明遺囑內容。

2.實務見解:

(1)最高法院105年度台上字第2082號判決:「按民法第1191條第1項前段明文規定,公證遺囑,應指定二人以上之見證人,乃在確保公證人製作之公證遺囑內容,係出於遺囑人之真意,本其口述意旨而作成,蓋遺囑生效時(遺囑人死亡),已無法向遺囑人本人求證,須賴見證人為證明。準此,公證遺囑關於二人以上見證人之指定,自應由立遺囑人為之,且不以在場見聞遺囑人在公證人前口述遺囑意旨,由公證人作成公證遺囑書面之形式過程為已足,尤應見聞確認公證遺囑內容係出自遺囑人之真意,與其口述遺囑意旨相符之情,始符『見證』之法意。」、「堪認陳○仁於系爭遺囑作成過程中,不時出現辨識人之障礙、對孫子女名字欠缺記憶、因病昏沉瞌睡、無法正確書寫自己名字或分辨對錯之情形;雖其能自行陳述自身人別資料、系爭遺產大致所在地、前往公證人處之目的或表達能理解公證人之陳述,惟以其交參有前揭意識障礙或精神錯亂之情事,難認其於系爭遺囑作成過程中對於自己行為或其效果,具穩定正常之判斷、識別及預期之精神能力,而得獨立以意思

表示為有效法律行為。故陳○仁所為系爭遺囑意思表示，與無行為能力人之行為並無區別，揆諸首揭說明，系爭遺囑應當然無效。」

(2)台灣高等法院高雄分院106年度重家上更㈠字第2號判決要旨：「系爭遺囑作成時，陳○仁之意識及精神狀態欠缺恆定之正常判斷、識別或預期等能力，無從獨立為遺囑意思表示，其所為遺囑行為，與無行為能力人之行為無異，依民法第75條規定，自應屬無效。」

(3)最高法院102年度台上字第98號判決要旨：「按公證遺囑，應指定二人以上之見證人，在公證人前口述遺囑意旨，由公證人筆記、宣讀、講解，經遺囑人認可後記明年、月、日，由公證人、見證人及遺囑人同行簽名，民法第1191條第1項前段定有明文。依其立法意旨觀之，應由遺囑人指定見證人，且見證人於被繼承人為遺囑時須始終親自在場，見聞其事，並得為證明及簽名其上之人，如見證人之一人中途一度離去，而僅一人在場時，則為方式之欠缺。」。

㈣密封遺囑

1.法定要件：

《民法》第1192條：

密封遺囑，應於遺囑上簽名後，將其密封，於封縫處簽名，指定二人以上之見證人，向公證人提出，陳述其為自己之遺囑，如非本人自寫，並陳述繕寫人之姓名、住所，由公證人於封面記明該遺囑提出之年、月

、日及遺囑人所為之陳述,與遺囑人及見證人同行簽名。

前條第二項之規定,於前項情形準用之。

《民法》第1193條：

密封遺囑,不具備前條所定之方式,而具備第一千一百九十條所定自書遺囑之方式者,有自書遺囑之效力。

密封遺囑之簽名不能用蓋章取代。若遺囑不符合密封遺囑格式,但卻符合自書遺囑的法定要件,依然是合法有效的遺囑。

2.**實務見解**：

法務部法律決字第10100597990號：「按密封遺囑之法定方式,民法第1192條第1項規定：『密封遺囑,應於遺囑上簽名後,將其密封,於密封處簽名,指示二人以上之見證人,向公證人提出,陳述其為自己之遺囑,如非本人自寫,並陳述繕寫人之姓名、住所,由公證人於封面記明該遺囑提出之年、月、日及遺囑人所為之陳述,與遺囑人及見證人同行簽名。』遺囑人須於遺囑上、封縫處及遺囑封面簽名,以表示該遺囑之內容係出於自己之意思,保持遺囑內容之秘密,並證明已履行密封遺囑作成之程序,三次簽名之作用與目的並不相同,且均為密封遺囑所要求之方式,缺一不可（林秀雄著：繼承法講義,98年10月四版,頁234至237參照）。次按遺囑之方式,民法第1189條定有明文,故遺囑應依法定方式為之,始為合法有效。又遺囑方式有關遺囑人須簽名之規定,所在多有（民法第1190

條、第1191條第1項、第1192條第1項、第1194條等規定參照），相較於蓋章無從確知是否由遺囑人親自為之，無法確定該遺囑是否出於遺囑人之真意，簽名則可藉由其筆跡比對，以防止遺囑之偽造或變造。故民法各類遺囑有關遺囑人及見證人須簽名之規定，係法定特別要件，應無民法第3條第2項得以印章代替簽名規定之適用（最高法院86年度台上字第921號判決、最高行政法院88年度判字第3818號判決、本部75年6月27日（75）法律字第7609號函意旨參照）。惟本件攸關當事人權益甚鉅，且涉及事實認定，如有爭議，自宜循司法途徑解決。」。

(五)代筆遺囑

1.法定要件：

《民法》第1194條：

代筆遺囑，由遺囑人指定三人以上之見證人，由遺囑人口述遺囑意旨，使見證人中之一人筆記、宣讀、講解，經遺囑人認可後，記明年、月、日及代筆人之姓名，由見證人全體及遺囑人同行簽名，遺囑人不能簽名者，應按指印代之。

2.實務見解：

最高法院103年度台上字第2548號裁定要旨：「本件上訴人對於原判決提起上訴，雖以該判決違背法令為由，惟核其上訴理由狀所載內容，係就原審取捨證據、認定事實之職權行使所為論斷：立遺囑人於遺囑書立當場全程僅偶爾點頭或發出不清楚之聲音，並未口授遺囑意旨，縱其於二日前曾與上訴人及

見證人之一討論遺囑內容後由上訴人代為繕打,然其他二位見證人當時均未在場聽聞,不符合代筆遺囑之法定方式等情,指摘其為不當,並就原審已論斷者,泛言未論斷或論斷違法,而非表明該判決所違背之法令及其具體內容,暨依訴訟資料合於該違背法令之具體事實,並具體敘述為從事法之續造、確保裁判之一致性或其他所涉及之法律見解具有原則上重要性之理由,難認其已合法表明上訴理由。依首揭說明,應認其上訴為不合法。」

(六)口授遺囑

1.法定要件:

《民法》第1195條:

遺囑人因生命危急或其他特殊情形,不能依其他方式為遺囑者,得依左列方式之一為口授遺囑:

一、由遺囑人指定二人以上之見證人,並口授遺囑意旨,由見證人中之一人,將該遺囑意旨,據實作成筆記,並記明年、月、日,與其他見證人同行簽名。

二、由遺囑人指定二人以上之見證人,並口述遺囑意旨、遺囑人姓名及年、月、日,由見證人全體口述遺囑之為真正及見證人姓名,全部予以錄音,將錄音帶當場密封,並記明年、月、日,由見證人全體在封縫處同行簽名。

《民法》第1196條:

口授遺囑，自遺囑人能依其他方式為遺囑之時起，經過三個月而失其效力。

《民法》第1197條：
口授遺囑，應由見證人中之一人或利害關係人，於為遺囑人死亡後三個月內，提經親屬會議認定其真偽，對於親屬會議之認定如有異議，得聲請法院判定之。

2.實務見解：

最高法院103年度台上字第522號民事裁定要旨：「又按口授遺囑依民法第1197條規定，應由見證人中之一人或利害關係人於為遺囑人死亡後三個月，提經親屬會議認定其真偽，對於親屬會議之認定如有異議，得聲請法院判定之。查二位見證人並未全程在場與聞其事，已如前述，又從未經上訴人舉證證明其曾於康○洋過世後三個月內將系爭遺囑提經親屬會議認定其真偽，有遵守民法第1197條規定之程序，是亦難認系爭遺囑已符合口授遺囑之效力，附此敘明。」

案例：

被繼承人甲名下有己公司，庚、辛、壬都是己的員工。甲於民國104年5月23日不幸往生，原告A及訴外人乙、丙為甲的繼承人。嗣原告A發現被繼承人甲於104年1月21日立有「代筆遺囑」乙份，其中載明：「公司的帳處理完了之後，剩下的分給丁百分之三十、戊百分之三十、己之員工百分之二十……」系爭遺囑見證人則為訴外人庚（兼代筆人）、辛、壬，並指定被告為遺囑執行人。原告得否請求確認遺囑無效？

解析：

依《民法》第1198條規定，受遺贈人不得為遺囑見證人，惟庚、辛、壬除為系爭遺囑見證人外，也是己的員工而為受遺贈人之一，違反《民法》第1197條規定，系爭遺囑應為無效，原告A得依法請求確認被繼承人甲於104年1月21日所立之遺囑無效。

訴訟實務上，原告請求法院判決的聲明如下：
一、確認被繼承人甲於民國104年1月21日所為之遺囑無效。
二、訴訟費用由被告負擔。

六、返還特留分之訴

(一)特留分之定義

特留分是繼承人於繼承開始後所享有之特權，繼承開始時，被繼承人必須遺留其遺產之一定比例予其繼承人，若繼承人之特留分被侵害，得按其不足額，由遺產扣減之。

(二)特留分之比例（《民法》第1223條）

1. 直系血親卑親屬之特留分，為其應繼分二分之一。
2. 父母之特留分，為其應繼分二分之一。
3. 配偶之特留分，為其應繼分二分之一。
4. 兄弟姊妹之特留分，為其應繼分三分之一。
5. 祖父母之特留分，為其應繼分三分之一。

(三)**實務見解**

1.特留分扣減權屬於物權之形成權：

最高法院103年度台上字第2071號判決要旨：「特留分係概括存在於被繼承人全部遺產上，特留分被侵害者所行使之扣減權，性質上屬物權之形成權，一經行使，於侵害特留分部分即失效力，其因而回復之特留分自仍概括存在於所有遺產上，並非轉換為按應繼財產價值計算之金錢。」

2.特留分扣減權之時效應類推適用《民法》繼承回復請求權之時效規定：

最高法院103年度台上字第880號判決要旨：「扣減權之性質為物權之形成權，《民法》就此雖未設消滅期間，惟特留分權利人行使扣減權，與正當繼承人行使繼承回復請求權之法律效果相類似，涉及親屬關係暨繼承權義，為早日確定有關扣減之法律關係，以保護交易安全，應類推適用《民法》第1146條第2項規定，即自扣減權人知其特留分被侵害之時起二年間不行使而消滅，自繼承開始起逾十年者亦同。」。

3.若被繼承人以遺囑指定應繼分、遺產分割方法，侵害繼承人之特留分，繼承人亦得行使扣減權，扣減權的行使並非僅限於「遺贈」侵害特留分的情形：

最高法院104年度台上字第1480號判決要旨：「應得特留分之人，如因被繼承人所為之遺贈，致其應得之數不足者，得按其不足之數由遺贈財產扣減之，固為《民法》第1225條所明定。然同法第1187條規定，遺囑人於不違反關於特留分規定之

範圍內,得以遺囑自由處分遺產。又自由處分財產之情形,並不限於遺贈而已,指定遺產分割方法(《民法》第1165條第1項)及應繼分之指定,若侵害特留分,自可類推適用《民法》第1125條,許被侵害者,行使扣減權。」。

案例:

被繼承人乙於民國96年4月21日不幸往生,遺有如附表所示之遺產,法定繼承人為配偶某(嗣於103年11月28日死亡)、長女甲、長子丙、次子丁、次女戊等五人,應繼分各為五分之一,特留分各為十分之一。因乙生前立有自書遺囑,致甲無法取得任何遺產,而丙、丁、戊則於96年8月31日向地政事務所辦理遺囑繼承登記。請問甲如何向丙、丁、戊請求?

解析:

訴訟實務上,原告甲會先請求法院確認甲有特留分之繼承權存在,再請求塗銷侵害甲特留分之繼承登記,於遺產回復為公同共有狀態後,再分割遺產。

判決的聲明如下:

一、確認原告甲對乙所遺如附表所示之遺產有特留分十分之一之繼承權存在。

二、被告丙、丁、戊於民國96年8月31日辦理之繼承登記應予塗銷。

三、請准兩造就被繼承人乙如附表所示之遺產應予分割。分割方法如附表分割方法欄所示。

四、訴訟費用由被告丙、丁、戊負擔。

註1：吳光陸：訴訟文書撰寫範例——民事編，頁391～392，五南圖書出版股份有限公司，2013年10月初版
註2：大法官釋字第437號解釋理由（略本）：「繼承權是否受侵害，應以繼承人於繼承原因事實發生後，有無被他人否認其繼承資格並排除其對繼承財產之占有、管理或處分為斷。凡無繼承權而於繼承開始時或開始後僭稱為真正繼承人否認其他共同繼承人之繼承權，並排除其占有、管理或處分等情形，均屬繼承權之侵害，初不以於繼承開始時自命為繼承人而行使遺產上之權利者為限。」
註3：戴炎輝、戴東雄、戴瑀如合著：繼承法，頁84，2010年2月修訂版，自刊本。

繼承家事非訟事件㈠——陳報遺產清冊與拋棄繼承

李永然律師

一、陳報遺產清冊事件（註1）

㈠性質

我國繼承採「概括繼承、限定責任」，繼承人於繼承開始時，概括繼承被繼承人的一切權利義務，但對於被繼承人的債務，以因繼承所得遺產為限，而不以自己固有財產償還被繼承人之債務，繼承人僅於遺產範圍內的債務負清償責任。

換言之，被繼承人的債權人只能在被繼承人的遺產範圍內，請求清償債務，故《民法》第1156條規定，繼承人須於知悉其得繼承之時起三個月內開具遺產清冊陳報法院，若繼承人未為陳報，債權人亦得依《民法》第1156條之1規定，向法院聲請命繼承人於三個月內提出遺產清冊，以確認債權人之債權可否全數受償。

㈡陳報應記載事項

1.繼承人為遺產陳報時，應於陳報書記載下列各款事項，並附具遺產清冊（《家事事件法》第128條）：

(1)陳報人。

繼承人陳報遺產清冊及清算流程

繼承人開具遺產清冊連同聲請狀向繼承開始時被繼承人住所地（即戶籍地）法院陳報
◎知悉其得繼承之時起三個月內
◎得聲請延展開具之期間

陳報遺產清冊應備文件：
1. 繼承人戶籍謄本及被繼承人除戶謄本。
2. 遺產清冊：記載被繼承人財產狀況，包括債權、債務及繼承人已知債權人、債務人。
3. 全體繼承人名冊。
4. 繼承系統表。

法院為債權人應於一定期間陳報債權之公示催告裁定
◎申報權利期間不得在三個月以下；繼承人應於收受法院裁定後，依照裁定或法院的指示辦理，例如登報。

法院公告公示催告裁定，並寄送陳報之繼承人

並應通知其他繼承人（家事事件法第130條第2項）

債務清償及遺贈交付
◎繼承人在申報權利期間內不得對任何被繼承人之債權人償還債務。
◎申報權利期間屆滿後，繼承人就已報明債權及已知債權，依比例以遺產償還
◎繼承開始時未屆清償期之債權，視為到期，繼承人亦應予清償，惟應扣除期前利息。
◎繼承人非依民法第1159條規定償還債務後，不得對遺贈人交付遺贈。
◎債權人不依限申報，且為繼承人所不知，僅得就膡餘財產，行使權利。（民法第1162條）

清償債務及交付遺贈，都由繼承人自行依照法律規定辦理

向法院陳報償還遺產債務狀況之期限
◎申報權利期間屆滿後六個月內
◎得聲請延展陳報期間

法院審核是否准予備查；准予備查，案件終結

（取材自司法院網站）

(2)被繼承人之姓名及最後住所。

(3)被繼承人死亡之年月日時及地點。

(4)知悉繼承之時間。

(5)有其他繼承人者,其姓名、性別、出生年月日及住、居所。

遺產清冊應記載被繼承人之財產狀況及繼承人已知之債權人、債務人。

2.債權人聲請命繼承人提出遺產清冊時,其聲請書應記載下列各款事項(《家事事件法》第129條):

(1)聲請人。

(2)被繼承人之姓名及最後住所。

(3)繼承人之姓名及住、居所。

(4)聲請命繼承人提出遺產清冊之意旨。

繼承人依法院命令提出遺產清冊者,準用《家事事件法》第128條之規定。

(三)陳報遺產清冊後之清算程序

1.法院應依公示催告公告,命債權人報明債權:

繼承人向法院陳報繼承清冊時,法院應依公示催告程序公告,命被繼承人之債權人於一定期限內報明債權,該項期限不得低於三個月。從而,被繼承人之債權人於應於公示催告之期間內向繼承人報明債權(《民法》第1157條)。

2.繼承人在公示催告期間不得對被繼承人之債權人償還債務,以確保各債權人公平受償(《民法》第1158條)。

3.於公示催告期滿後，繼承人對於在該一定期限內報明之債權及繼承人所已知之債權，均應按其數額，比例計算，以遺產分別償還，清償交付之順序如下：

(1)有優先權之債權：依法律規定對遺產有優先受償權利之債權，此等權利無須於所定之期限內報明債權，如抵押權、留置權。

於公示催告期限內報明之債權及雖未報明但為繼承人所已知之債權。

(2)遺贈：繼承人非依前條規定償還債務後，不得對受遺贈人交付遺贈，惟僅限「遺贈」，若係被繼承人生前之贈與，則應解為普通債權之一（《民法》第1160條規定）。

(3)未依期限內報明債權而又為繼承人所不知之債權：此類債權僅得就賸餘之遺產行使其權利（《民法》第1162條規定）。

(四)繼承人違反清算程序之賠償責任（《民法》第1161條規定）

1.繼承人違反《民法》第1158條至第1160條之規定，致被繼承人之債權人受有損害者，應負賠償之責。

2.受有損害之人，對於不當受領之債權人或受遺贈人，得請求返還其不當受領之數額，其請求權行使之期限，為《民法》所定之一般期限十五年。

3.繼承人對於不當受領之債權人或受遺贈人，不得請求返還其不當受領之數額。

案例：

乙為被繼承人甲之繼承人，於民國103年7月1日知悉其為甲之繼承人，欲陳報遺產清冊，如何為之？

解析：

司法實務上，繼承人請求法院陳報遺產清冊的表述，例示如下：

一、聲請人為被繼承人甲之繼承人，於民國103年7月1日知悉得為繼承，謹依《民法》第1156條規定，開具遺產清冊陳報法院。請鈞院依法為公示催告之公告，俾便釐清所繼承之法律關係。

二、其他繼承人之姓名、性別、出生年月日等資料，臚列如全體繼承人名冊所載。

三、被繼承人之財產狀況及聲請人已知之債權人、債務人如遺產清冊所列。

二、拋棄繼承事件

(一)性質

拋棄繼承為身分行為的一種，屬無相對人之單獨行為，僅須以繼承人有意思能力即為已足，惟因其屬單獨行為，限制行為能力人欲拋棄繼承者，仍應得其法定代理人之允許，否則其縱有意思能力，該拋棄繼承之行為仍屬無效（最高法院69年度台上字第2041號判例參照）。

㈡法定要件（《民法》第 1174 條）

1. 須於繼承開始後為之。
2. 須為有繼承權之繼承人。
3. 須於知悉其得繼承之時起三個月內為之。
4. 以書面向法院為之。
5. 不得附條件或期限，否則無效。

㈢效力

1. 繼承人依法向法院為拋棄繼承之意思表示後，溯及繼承開始時即生繼承權喪失之法律效果（《民法》第1175條）。

2. 為了使因拋棄繼承而應為繼承之人，有充足時間決定是否拋棄繼承，儘早確定其法律關係，故拋棄繼承應通知依其拋棄而應為繼承之人（《民法》第1174條第3項）。

3. 因他人拋棄繼承而應為繼承之人，為拋棄繼承時，應於知悉其得繼承之日起三個月內為之（《民法》第1176條第7項）。

4. 繼承人拋棄繼承者，其應繼分之歸屬如下（《民法》第1176條第1至6項）：

⑴第1138條所定第一順序之繼承人中有拋棄繼承權者，其應繼分歸屬於其他同為繼承之人。

⑵第二順序至第四順序之繼承人中，有拋棄繼承權者，其應繼分歸屬於其他同一順序之繼承人。

⑶與配偶同為繼承之同一順序繼承人均拋棄繼承權，而無

後順序之繼承人時，其應繼分歸屬於配偶。

(4)配偶拋棄繼承權者，其應繼分歸屬於與其同為繼承之人。

(5)第一順序之繼承人，其親等近者均拋棄繼承權時，由次親等之直系血親卑親屬繼承。

(6)先順序繼承人均拋棄其繼承權時，由次順序之繼承人繼承。其次順序繼承人有無不明或第四順序之繼承人均拋棄其繼承權者，準用關於無人承認繼承之規定。

(四)程序規定

1.繼承人拋棄繼承時，應以書面表明下列事項（《家事事件法》第132條第1項）：

(1)拋棄繼承人。

(2)被繼承人之姓名及最後住所。

(3)被繼承人死亡之年月日時及地點。

(4)知悉繼承之時間。

(5)有其他繼承人者，其姓名、性別、出生年月日及住、居所。

2.為便利拋棄繼承之繼承人辦理相關手續，並使因拋棄繼承而具有利害關係之其他繼承人知悉拋棄繼承之情形，故若拋棄繼承為合法者，法院應予備查，通知拋棄繼承人及已知之其他繼承人，並公告之（《家事事件法》第132條第2項）。

3.如法院認為繼承人所為之拋棄繼承意思表示不合法，而不准予備查，對該繼承人之權利影響重大，繼承人如對該裁定

不服，得循抗告程序救濟（《家事事件法》第132條第3項）（註2）。

(五)實務見解

1.最高法院98年度台上字第862號判決要旨：「……至於該條第2項後段規定『並以書面通知因其拋棄而應為繼承之人。但不能通知者，不在此限』之文義內容……其目的顯在使後順位繼承人得以早日知悉前順位繼承人拋棄繼承之情事，以決定是否限定繼承或拋棄繼承，使繼承之法律關係儘早確定而已，非謂拋棄繼承權之人未以書面通知順序在後之應為繼承人，即不生拋棄繼承權之效力。足見該條第2項後段規定以書面通知因其拋棄而應為繼承之人，非屬聲明拋棄繼承之生效要件。此參酌97年1月2日修正民法第1174條之理由已詳加說明：『現行條文第2項後段規定，於實務運作易使誤認通知義務為拋棄繼承之生效要件，即以書面向法院為之並以書面通知因其拋棄而應為繼承之人，始生拋棄繼承之效力，致生爭議。為明確計，並利繼承關係早日確定，此通知義務係為訓示規定，爰改列為第3項規定，並酌作修正。』等旨益明。」。

2.最高法院106年度台簡抗字第18號裁定意旨：「繼承權之拋棄為法定要式行為，須具備『書面』及完成『向法院為之』之行為，始生拋棄繼承之效力。又所謂『知悉其得繼承之時』，係指知悉自己已依民法第1138條規定成為繼承人之時而言。繼承人僅知悉被繼承人死亡及部分繼承人合法拋棄繼承之事實，因尚未覺知其依法應為繼承人，上開規定三個月之拋棄繼

承權期間即不應起算。查再抗告人為被繼承人邱○丁之孫,非第一順序繼承人。邱○丁死亡後,其配偶邱游○○及子女邱○戊等第一順序繼承人(不含邱○丙),雖曾於105年1月5日以存證信函向再抗告人表示拋棄繼承權,惟渠等係於同年月11日始向原法院表示拋棄繼承權一節,有原法院同年1月25日桃院豪家豪105年度司繼第62號函可稽(見原審卷17、18頁),而繼承人向其他繼承人表示拋棄繼承,與法定拋棄繼承權之方式不合,尚不生拋棄繼承權之效力。再抗告人收受上開存證信函時,第一順序繼承人中之邱游○○等既尚未合法拋棄其繼承權,能否謂再抗告人自該存證信函可知悉其自身已成為繼承人,而自斯時起算其拋棄繼承權之期間,即非無進一步研求餘地。」。

案例:

甲之父乙於民國103年3月1日因車禍往生,甲於103年3月1日知悉得為繼承,雖然乙留有房屋及土地,但因乙在外經商多年,除銀行貸款外,尚有民間債務,因乙突然死亡,甲為避免自己之財產遭受牽連,決定向法院聲請拋棄繼承。

解析:

實務上,聲請人向法院聲請拋棄繼承的聲明如下:
緣被繼承人住某地,於民國103年3月1日去世,聲明人為其子,於民國103年3月1日知悉得為繼承,依法本有繼承權,但現願拋棄繼承,謹以此狀聲明自願拋棄繼承權,並已分別通知次順序繼承人,請鈞院准予

備查（註3）。

註1： 賴玉梅、黃仕翰：家事訴訟實戰，頁207～299，2010年5月初版1刷，五南圖書出版股份有限公司。

註2： 郭欽銘著：家事事件法逐條解析，頁396，2013年版7月初版第1刷，元照出版有限公司出版。

註3： 吳光陸，訴訟文書撰寫範例――非訟篇，頁100～102，五南圖書出版股份有限公司，2014年10月2版。

繼承家事非訟事件(二)——選任遺產管理人及指定遺囑執行人

李永然律師

一、選任遺產管理人

(一)**要件**

繼承開始時，如繼承人之有無不明時，得經由親屬會議於一個月內選定遺產管理人；如無親屬會議，得由利害關係人或檢察官向法院聲請選任遺產管理人。

(二)**聲請人**

　1.**親屬會議選定：**
　(1)程序：《民法》第1177條：「繼承開始時，繼承人之有無不明者，由親屬會議於一個月內選定遺產管理人，並將繼承開始及選定遺產管理人之事由，向法院報明。」
　(2)親屬會議，以會員五人組織（參《民法》第1130條）；但監護人、未成年人及受監護宣告之人，不得為親屬會議會員（參《民法》第1133條）。
　(3)親屬會議成員，依《民法》第1132條規定自被繼承人親

屬與順序選定。

《民法》第1131條規定：

親屬會議會員，應就未成年人、受監護宣告之人或被繼承人之下列親屬與順序定之：

一、直系血親尊親屬。

二、三親等內旁系血親尊親屬。

三、四親等內之同輩血親。

前項同一順序之人，以親等近者為先；親等同者，以同居親屬為先，無同居親屬者，以年長者為先。

依前二項順序所定之親屬會議會員，不能出席會議或難於出席時，由次順序之親屬充任之。

(4)親屬會議選定之遺產管理人，以自然人為限（參《家事事件法》第134條第1項）。至於未成年、受監護或輔助宣告、受破產宣告或依《消費者債務清理條例》受清算宣告尚未復權、褫奪公權尚未復權者，不得任遺產管理人（參《家事事件法》第134條第2項）

2.利害關係人或檢察官向法院聲請選任：

(1)程序：

《民法》第1178條第2項：「無親屬會議或親屬會議未於前條所定期限內選定遺產管理人者，利害關係人或檢察官，得聲請法院選任遺產管理人，並由法院依前項規定為公示催告。」、《家事事件法》第136條第2項：「親屬會議未依第一百三十四條第二項或前條另為選定遺產管理人時，利害關係人或檢察官得聲請法院選任遺產管理人……。」

(2)法院選任之遺產管理人，除自然人外，亦得選任公務機關（參《家事事件法》第136條第3項）。至於所謂自然人，諸如律師、會計師、地政士、記帳士等；公務機關，如財政部國有財產署所屬各分署，依《代管無人承認繼承遺產作業要點》第4條規定，國產署如經法院裁定選任為遺產管理人，概由被繼承人住所地法院所在之分署為之。

● 遺產管理人事件流程圖

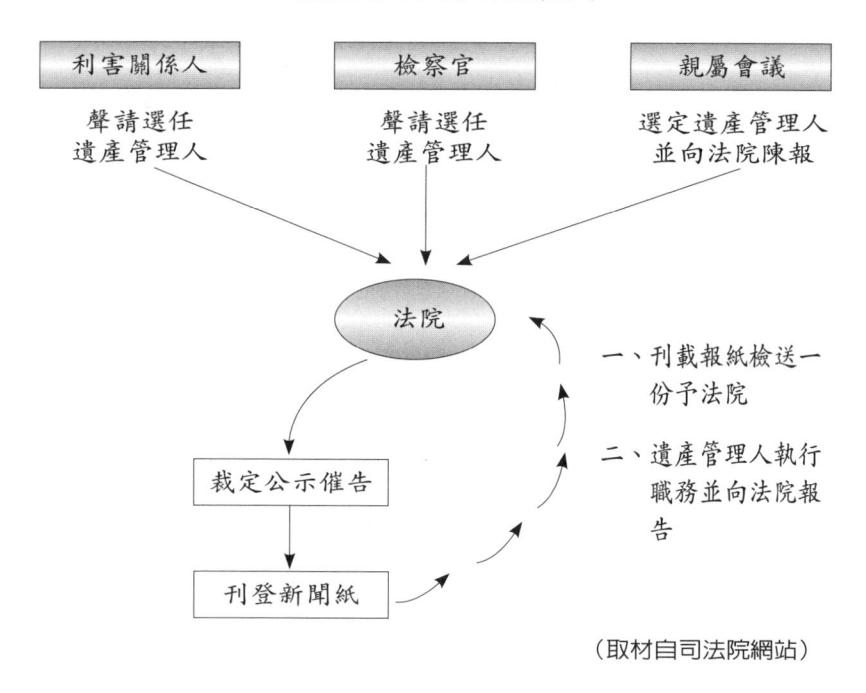

```
利害關係人          檢察官           親屬會議
聲請選任           聲請選任         選定遺產管理人
遺產管理人         遺產管理人       並向法院陳報
         ↓           ↓           ↓
              法院
                          一、刊載報紙檢送一
                             份予法院
         ↓
     裁定公示催告          二、遺產管理人執行
                             職務並向法院報
         ↓                    告
     刊登新聞紙
```

（取材自司法院網站）

(三)管轄法院

　　被繼承人最後戶籍所在地法院之家事法庭：

1.關於為遺產聲請指定親屬會議會員，專屬繼承開始時被繼承人住所地法院管轄（參《家事事件法》第181條第2項）。

　　2.關於經親屬會議處理而聲請法院監督遺產管理人、酌定遺產管理人報酬等事件，專屬被繼承人住所地法院管轄（參《家事事件法》第181條第5項第2款、第3款）。

　　3.關於利害關係人或檢察官聲請法院選任遺產管理人，專屬繼承開始時被繼承人住所地法院管轄（參《家事事件法》第127條第1項）。

㈣聲請選任遺產管理人應提出之聲請書內容及應備文件

　　1.親屬會議於選定遺產管理人，由會員一人以上具狀向法院報明下列事項並附上證明文件：⑴陳報人。⑵被繼承人之姓名、最後住所、死亡之年月日時及地點。⑶選定遺產管理人之事由。⑷所選定遺產管理人之姓名、性別、出生年月日及住、居所（參《家事事件法》第133條第1項）。

　　2.利害關係人（如債權人）或檢察官向法院具狀聲請選任遺產管理人時，聲請書應記載下列事項：⑴聲請人。⑵被繼承人之姓名、最後住所、死亡之年月日時及地點。⑶聲請之事由。⑷聲請人為利害關係人時，其法律上利害關係之事由（參《家事事件法》第136條第1項）。並附具「被繼承人之戶籍謄本及死亡證明書、除戶謄本」、「聲請人之債權憑證」（利害關係人提出聲請）、「願任遺產管理人之同意書、願任遺產管理人之個人簡經歷」（如已於聲請書指定遺產管理人）等證明文件。

3.向法院聲請選任遺產管理人時，應繳納新台幣一千元聲請費。

(五)選任遺產管理人聲請狀範例

● 民事選任遺產管理人聲請狀

聲　請　人 法定代理人	大大股份有限公司 李一	設台北市××路×號×樓 住同上
被繼承人	林語	最後住所地：台北市××路×號

為聲請選任遺產管理人，並依法為承認繼承之公示催告程序：

聲請事項

一、聲請選任李明會計師（男，民國××年×月×日生，身分證統一編號：○○○○○○○○○○）為被繼承人林語（女，民國××年×月×日生，身分證統一編號：○○○○○○○○○○，於民國××年×月×日死亡）之遺產管理人。

二、准予對被繼承人林語之大陸地區以外之繼承人為承認繼承之公示催告。

三、聲請程序費用由被繼承人林語之遺產負擔。

事實及理由

一、事實經過：

(一)緣被繼承人林語（身分證統一編號：○○○○○○○○○○，出生日期：民國××年×月×日）業於民國（以下同）××年×月×日上午×時×分病逝於醫院（聲證1），此亦有

除戶之戶籍謄本可證（聲證2）。而林語為聲請人公司之債務人，即林語積欠聲請人公司共新台幣（以下同）500萬元，此亦有相關單據可資佐證（聲證3）。

㈡經查，被繼承人林語名下遺有財產，惟其在台應無親人，即其是否仍有繼承人不明，且無法依《民法》第1177條規定選定遺產管理人，然因聲請人為其債權人，致無法就其遺留之財產行使權利，足明聲請人在法律上有利害關係。茲為保障權益，聲請人援依《民法》第1178條第2項及《家事事件法》第136條等規定，請求鈞院選任遺產管理人。

二、懇請鈞院依法裁定選任李明會計師（男，民國××年×月×日生，身分證統一編號：○○○○○○○○○○）為被繼承人林語之遺產管理人：

㈠按被繼承人林語去世已五個月，而其在台並無法定繼承人，亦無親屬足以召開親屬會議，而其生前又積欠聲請人款項。準此，聲請人自得依《民法》第1178條第2項及《家事事件法》第136條等規定，聲請鈞院選任遺產管理人。

㈡又查，聲請人已徵得曾擔任YY會計師事務所所長之李明會計師同意擔任被繼承人林語之遺產管理人（聲證4）。按YY會計師事務所為國內知名會計師事務所，於業界素享盛名；而李明會計師自80年起即擔任會計師（聲證5），會計師執業將近二十餘年，於財務諮詢、稅務諮詢等領域誠擁有豐富專業知識及經驗，由其擔任遺產管理人，應能勝任遺產管理人之職務。為此，聲請人特聲請鈞院指定其擔任被繼承人林語之遺產管理人。

三、本件聲請程序，應由鈞院管轄：

㈠關於指定遺產管理人事件，專屬繼承開始時被繼承人住所地法院管轄，為《家事事件法》第127條第1項所明定。

㈡按被繼承人林語最後住所地戶籍為台北市××路×號（同前呈聲證2），屬鈞院轄區，爰依法向鈞院聲請之。

四、綜上所述，聲請人特檢附相關物證，具狀懇請鈞院鑒核，惠予裁定選任李明會計師為被繼承人林語之遺產管理人，並依法為承認繼承之公示催告。如蒙所請，實感德便。

謹狀
台灣台北地方法院家事法庭公鑒

【證物欄】

聲證1：被繼承人林語之死亡證明書影本乙份。
聲證2：被繼承人林語之除戶戶籍謄本影本乙份。
聲證3：被繼承人林語出具的借款收據影本五份。
聲證4：李明會計師願擔任遺產管理人同意書正本乙份。
聲證5：李明會計師之相關經歷資料影本乙份。

中　華　民　國　　　　　年　　　　月　　　　日

具狀人：大大股份有限公司
法定代理人李一

㈥選任遺產管理人案件

法院裁定主文例式如下：

1.台灣台北地方法院106年度司繼字第1118號民事裁定：

一、選任詹ＸＸ（男、民國○○年○○月○○日生、身分證統一編號：Ｚ○○○○○○○○○）為被繼承人曾ＹＹ（女、民國○○年○○月○日生、身分證統一編號：Ｚ○○○○○○○○○、生前最後住所：台北市○○區○○街○○號、民國105年7月31日死亡）之遺產管理人。

二、准對被繼承人曾ＹＹ之繼承人為承認繼承之公示催告。

三、被繼承人曾ＹＹ之大陸地區以外之繼承人，應自前項公示催告最後登載新聞紙之日起，一年內承認繼承；大陸地區之繼承人，應自曾ＹＹ死亡之日起三年內以書面向本院為繼承之表示。上述期限屆滿，無繼承人承認繼承時，被繼承人曾ＹＹ之遺產，於清償債權，並交付遺贈物後，如有剩餘即歸屬國庫。

四、聲請程序費用由被繼承人曾ＹＹ之遺產負擔。

2.台灣台北地方法院106年度司繼字第1008號民事裁定：

一、選任財政部國有財產署北區分署為被繼承人呂ＸＸ（男、民國○○年○○月○○日生、身分證統一編號：Ｚ○○○○○○○○○號、生前最後住所：台北市○○區○○街○○○巷○○弄○○號3樓、民國95年5月29日死亡）之遺產管理人。

二、准對被繼承人呂ＸＸ之繼承人為承認繼承之公示催告。

三、被繼承人呂XX之大陸地區以外之繼承人，應自前項公示催告最後登載新聞紙之日起，一年內承認繼承；大陸地區之繼承人，應自呂XX死亡之日起三年內以書面向本院爲繼承之表示。上述期限屆滿，無繼承人承認繼承時，被繼承人呂XX之遺產，於清償債權，並交付遺贈物後，如有剩餘即歸屬國庫。

四、聲請程序費用由被繼承人呂XX之遺產負擔。

(七)經法院選任之遺產管理人應踐行之事務

1.編製遺產清冊：

管理人於就職三個月內編製遺產清冊（《民法》第1179條第1項第1款及第2項）。

2.受理債權申報等：

聲請法院爲公示催告程序（定一年以上期間），公告被繼承人之繼承人及受遺贈人報明債權及爲願受遺贈與否之聲明等（《民法》第1179條第1項第3款、《家事事件法》第137條、第138條）。

3.申報遺產稅：

無遺囑執行人及繼承人者，遺產稅之納稅義務人爲依法選定之遺產管理人（《遺產及贈與稅法》第6條第1項第3款）。即：

(1)原則：

自法院指定遺產管理人之日起六個月內爲之（《遺產及贈與稅法》第23條第1項）。

(2)例外：

於公示催告期間屆滿一個月內提出申報（財政部於民國96年2月27日台財稅字第09604513590號函示：「遺產管理人申請延期申報，已聲請辦理公示催告程序者，得延長至公示催告期間屆滿前一個月內申報……」）。

4.償還債務：

遺產管理人於公示催告所定申報債權期間屆滿及業依《遺產及贈與稅法》第8條第1項規定完納遺產稅後，對債權人或受遺贈人償還債務或交付遺贈物（《民法》第1181條、1182條）。

5.向法院陳報處理遺產狀況：

遺產管理人於職務執行完畢後，應向法院陳報處理遺產之狀況並提出相關文件（《家事事件法》第140條）。

6.向法院申請遺產管理人報酬：

遺產管理人得向法院申請核定酌給報酬，並自遺產中扣除，得命聲請人先為墊付（《民法》第1183條及《家事事件法》第181條第5項第3款）。

至於財政部頒定《代管無人承認遺產繼承作業要點》第13條第4點雖然規定：「管理報酬之請求基準，為遺產現值百分之一」，然作業要點係財政部為規範其所屬國有財產署或該署各地區辦事處、分署，於執行法院裁定選任代管無人承認繼承遺產案件時之作業方式而訂定，為財政部內部之行政規則，對法院並不生拘束力，此為目前司法實務之見解。

7.剩餘財產移交國庫或相關權利人：

完納遺產稅後，先為債權之清償，次為遺贈物之交付，末為遺產之移交。此參《民法》第1185條規定：「第一千一百七十八條所定之期限屆滿，無繼承人承認繼承時，其遺產於清償債權並交付遺贈物後，如有賸餘，歸屬國庫。」即明。

二、指定遺囑執行人

(一)要件

遺囑未指定遺囑執行人，並未委託他人指定者，得由親屬會議選定之；不能由親屬會議選定時，得由利害關係人聲請法院指定之（《民法》第1211條）。

(二)管轄法院

立遺囑人最後戶籍所在地法院之家事法庭：

1.關於指定遺囑執行人，專屬繼承開始時被繼承人住所地法院管轄（《家事事件法》第127條第1項第6款）。

2.關於酌給遺囑執行人相當報酬事件，專屬被繼承人住所地法院管轄（《家事事件法》第141條、第153條）。

(三)聲請法院指定遺囑執行人應提出之聲請書內容及應備文件

1.利害關係人（如債權人或受遺贈人）向法院具狀聲請指定遺囑執行人時，聲請書應記載下列事項：(1)聲請人。(2)被繼承人之姓名、最後住所、死亡之年月日時及地點。(3)聲請人為

利害關係人時，其法律上利害關係之事由。(4)聲請之意旨及其原因事實。(5)供證明或釋明之證據。(6)附屬文件及其件數。(7)法院（《家事事件法》第3條第4項、第74條、第75條）。

　　2.應備之證明文件，諸如「被繼承人之戶籍謄本及除戶謄本」、「遺囑」、「聲請人為法律上利害關係之憑證」、「繼承人之戶籍謄本」、「無法召開親屬會議之證明」、「願任遺囑執行人之同意書」等證明文件。

　　3.向法院聲請指定遺囑執行人時，應繳納新台幣一千元聲請費。

(四)民事指定遺囑執行人聲請狀範例

● 民事指定遺囑執行人聲請狀

聲　請　人	李明	住台北市××路××號×樓
指定送達代收人	朱一	台北市××路×號×樓 電話：（02）×××××××

　　聲請事項

　　一、聲請指定唐用律師（男，民國○○年○○月○○日生，身分證統一編號：○○○○○○○○○○）為被繼承人林語（女，民國x年x月x日生，身分證統一編號：○○○○○○○○○，於民國○○年○○月○○日死亡）之遺囑執行人。

　　二、聲請程序費用由被繼承人林語之遺產負擔。

　　事實及理由

　　一、事實經過：

　　(一)緣被繼承人林語（身分證字號：○○○○○○○○○○

，出生日期：民國○○年○○月○○日）於民國（以下同）○○年○○月○○日去世，此有除戶之戶籍謄本可證（聲證一）。而林語曾於○○年○○月○○日在鈞院公證處作成公證遺囑，此亦有鈞院○○年度公字第○○○○號公證書可資佐證（聲證二）。

(二)按上開被繼承人林語之「公證遺囑」於其逝世後之xx年x月x日經遺囑保管人通知聲請人（即受遺贈人），該遺囑載明於立遺囑人身故後所有遺產，扣除喪葬費用所餘，全部贈與聲請人，惟該遺囑未指定遺囑執行人。

二、懇請鈞院依法裁定指定唐用律師（男，民國○○年○○月○○日生，身分證統一編號：○○○○○○○○○○）為被繼承人林語之遺囑執行人：

(一)《民法》第1211條規定：「遺囑未指定遺囑執行人，並未委託他人指定者，得由親屬會議指定之，不能由親屬會議選定時，得由利害關係人聲請法院指定之。」而同法第1130條、第1131條第1項復分別明定：「親屬會議，以會員五人組織之。」、「親屬會議會員，應就未成年人、受監護宣告之人或被繼承人之下列親屬與順序定之：一、直系血親尊親屬。二、三親等內旁系血親尊親屬。三、四親等內之同輩血親。」。

(二)經查，被繼承人林語之遺囑並未指定遺囑執行人，而其過世後唯一之繼承人為弟弟林國（民國○○年○○月○○日生，身分證統一編號：○○○○○○○○○○，見聲證三），即被繼承人林語、林國父母為林○及黃○，此有戶籍謄本可稽（聲證四）。由於林語已無其他直系血親尊親屬，亦無三親等內

旁系血親尊親屬或四親等內之同輩血親，故而誠無法組織五人成員而召開親屬會議。而聲請人又是被繼承人林語以遺囑所為遺贈之受贈人。準此，聲請人自得依《民法》第1211條規定，聲請鈞院指定遺囑執行人。

㈢又查，唐用律師已執業二十年，經驗豐富，且其亦處理甚多遺產案件，具有擔任遺囑執行人之能力；加以現除為BB律師事務所主持律師，亦為中華民國仲裁協會仲裁人。為此，聲請人特聲請鈞院指定其擔任被繼承人林語之遺囑執行人。

三、本件聲請程序，應由鈞院管轄：

㈠關於指定遺囑執行人事件，專屬繼承開始時被繼承人住所地法院管轄，為《家事事件法》第127條第1項第6款明定。

㈡被繼承人林語籍設台北市××路××號（同前呈聲證一），屬鈞院轄區，爰依法向鈞院聲請之。

四、綜上所述，聲請人特檢附相關物證，具狀懇請鈞院鑒核，惠予裁定指定唐用律師為被繼承人林語之遺囑執行人，俾利辦理繼承及執行遺囑等相關事務之進行。如蒙所請，實感德便。

謹狀
台灣台北地方法院家事法庭公鑒
【證物欄】
聲證一：被繼承人林語之除戶戶籍謄本影本乙份。

聲證二：鈞院○○年度公字第○○○○號公證書及林語遺囑影本各乙份。

聲證三：林國身分證影本乙份。

聲證四：林○、黃○之戶籍謄本影本乙份。

聲證五：唐用律師願擔任遺囑執行人同意書正本乙份。

中華民國　　　○○○　　　年　○　月　○　日

具狀人：李明

(五)法院指定遺囑執行人裁定

法院指定遺囑執行人裁定主文例式如下：

1.台灣台北地方法院民事裁定106年度司繼字第967號：

一、指定蘇ＸＸ（男、民國○○年○月○○日生、身分證統一編號：Ｚ○○○○○○○○○）為被繼承人陳ＹＹ（男、民國○○年○月○日生、身分證統一編號：Ｚ○○○○○○○○，民國106年5月5日死亡）之遺囑執行人。

二、聲請程序費用由被繼承人陳ＹＹ之遺產負擔。

2.台灣台北地方法院民事裁定106年度司繼字第1019號：

一、指定潘ＸＸ（女、民國○○年○月○日生、身分證統一編號：Ｚ○○○○○○○○○）為被繼承人徐ＹＹ（女、民國○○年○月○日生、身分證統一編號：Ｚ○○○○○○○○○，民國106年5月24日死亡）之遺囑執行人。

二、聲請程序費用由被繼承人徐ＹＹ之遺產負擔。

(六)經法院指定之遺囑執行人應踐行之事務

1.編製遺產清冊：

對於遺囑有關之財產，如有編製遺產清冊之必要時，應即編製遺產清冊，交付繼承人（《民法》第1214條）。

2.管理遺產並為執行上必要行為之職務（《民法》第1215條）。

3.申報遺產稅：

遺囑執行人為遺產稅之納稅義務人（《遺產及贈與稅法》第6條第1項第1款）。應於被繼承人死亡之日起六個月內申報遺產稅，但如有正當理由不能如期申報者，應於期限屆滿前以書面申請延長（《遺產及贈與稅法》第23條第1項、第26條第1項）。

4.交付遺產：

遺囑執行人於依《遺產及贈與稅法》第8條第1項規定完納遺產稅、對債權人償還債務後，依遺囑內容將遺產交付繼承人或受遺贈人（《民法》第1214條）。如遺產中有不動產，倘有部分繼承人不願會同申辦繼承登記時，遺囑執行人得依遺囑內容實施遺產分割，並代理繼承人申辦分別共有之遺囑繼承登記及遺贈登記，無須徵得繼承人之同意（《繼承登記法令補充規定》第75條之1、內政部於民國99年7月8日內授中辦地字第0990724891號函示）。

5.請求遺囑執行人報酬：

除遺囑人另有指定外，遺囑執行人就其職務之執行，得請求相當之報酬，其數額由繼承人與遺囑執行人協議定之；不能協議時，由法院酌定之。」（《民法》第1211條之1）；法院得依遺囑執行人之聲請，就遺囑人之遺產酌給相當報酬，亦為《家事事件法》第141條準用同法第153條所明文規定。

第七篇

附錄

《民法》繼承編

中華民國19年12月26日國民政府制定公布全文第1138條至第1225條；中華民國20年5月5日施行

中華民國74年6月3日總統令修正公布繼承編

中華民國97年1月2日總統令修正公布第1148、1153、1154、1156、1157、1163、1174、1176條條文

中華民國98年6月10日總統華總一義字第09800142881號令修正公布第1148、1153、1154、1156、1157、1159、1161、1163、1176條條文；增訂第1148之1、1156之1、1162之1、1162之2條條文；刪除第1155條條文及第二章第二節節名

中華民國98年12月30日總統令公布修正第1198條及第1210條條文

中華民國103年1月29日總統令修正公布第1212條條文

中華民國104年1月14日總統令公布增訂第1211條之1條文；並修正第1183條條文

第一章 遺產繼承人

第1138條 遺產繼承人，除配偶外，依左列順序定之：
一、直系血親卑親屬。
二、父母。
三、兄弟姊妹。
四、祖父母。

第1139條 前條所定第一順序之繼承人，以親等近者為先。

第1140條 第一千一百三十八條所定第一順序之繼承人，有於繼承開始前死亡或喪失繼承權者，由其直系血親卑親屬代位繼承其應繼分。

第1141條 同一順序之繼承人有數人時，按人數平均繼承。但法律另有規定者，不在此限。

第1142條 （刪除）

第1143條 （刪除）

第1144條　配偶有相互繼承遺產之權，其應繼分，依左列各款定之：
一、與第一千一百三十八條所定第一順序之繼承人同為繼承時，其應繼分與他繼承人平均。
二、與第一千一百三十八條所定第二順序或第三順序之繼承人同為繼承時，其應繼分為遺產二分之一。
三、與第一千一百三十八條所定第四順序之繼承人同為繼承時，其應繼分為遺產三分之二。
四、無第一千一百三十八條所定第一順序至第四順序之繼承人時，其應繼分為遺產全部。

第1145條　有左列各款情事之一者，喪失其繼承權：
一、故意致被繼承人或應繼承人於死或雖未致死因而受刑之宣告者。
二、以詐欺或脅迫使被繼承人為關於繼承之遺囑，或使其撤回或變更之者。
三、以詐欺或脅迫妨害被繼承人為關於繼承之遺囑，或妨害其撤回或變更之者。
四、偽造、變造、隱匿或湮滅被繼承人關於繼承之遺囑者。
五、對於被繼承人有重大之虐待或侮辱情事，經被繼承人表示其不得繼承者。
前項第二款至第四款之規定，如經被繼承人宥恕者，其繼承權不喪失。

第1146條　繼承權被侵害者，被害人或其法定代理人得請求回復之。
前項回復請求權，自知悉被侵害之時起，二年間不行使而消滅；自繼承開始時起逾十年者亦同。

第二章　遺產之繼承

第一節　效力

第1147條　繼承，因被繼承人死亡而開始。

第1148條　繼承人自繼承開始時，除本法另有規定外，承受被繼承人財產上之一切權利、義務。但權利、義務專屬於被繼承人本身者，不在此限。

繼承人對於被繼承人之債務，以因繼承所得遺產爲限，負清償責任。

第1148條之1　繼承人在繼承開始前二年內，從被繼承人受有財產之贈與者，該財產視爲其所得遺產。

前項財產如已移轉或滅失，其價額，依贈與時之價值計算。

第1149條　被繼承人生前繼續扶養之人，應由親屬會議依其所受扶養之程度及其他關係，酌給遺產。

第1150條　關於遺產管理、分割及執行遺囑之費用，由遺產中支付之。但因繼承人之過失而支付者，不在此限。

第1151條　繼承人有數人時，在分割遺產前，各繼承人對於遺產全部爲公同共有。

第1152條　前條公同共有之遺產，得由繼承人中互推一人管理之。

第1153條　繼承人對於被繼承人之債務，以因繼承所得遺產爲限，負連帶責任。

繼承人相互間對於被繼承人之債務，除法律另有規定或另有約定外，按其應繼分比例負擔之。

第二節　（刪除）

第1154條　繼承人對於被繼承人之權利、義務，不因繼承而消滅。

第1155條　（刪除）

第1156條　繼承人於知悉其得繼承之時起三個月內開具遺產清冊陳報法院。

前項三個月期間，法院因繼承人之聲請，認爲必要時，得延展之。

繼承人有數人時，其中一人已依第一項開具遺產清冊陳報法院者，其他繼承人視爲已陳報。

第1156條之1　債權人得向法院聲請命繼承人於三個月內提出遺產清冊。

法院於知悉債權人以訴訟程序或非訟程序向繼承人請求清償繼承債務時，得依職權命繼承人於三個月內提出遺產清冊。

前條第二項及第三項規定，於第一項及第二項情形，準用之。

第1157條　繼承人依前二條規定陳報法院時，法院應依公示催告程序

公告,命被繼承人之債權人於一定期限內報明其債權。

前項一定期限,不得在三個月以下。

第1158條 繼承人在前條所定之一定期限內,不得對於被繼承人之任何債權人償還債務。

第1159條 在第一千一百五十七條所定之一定期限屆滿後,繼承人對於在該一定期限內報明之債權及繼承人所已知之債權,均應按其數額,比例計算,以遺產分別償還。但不得害及有優先權人之利益。

繼承人對於繼承開始時未屆清償期之債權,亦應依第一項規定予以清償。

前項未屆清償期之債權,於繼承開始時,視為已到期。其無利息者,其債權額應扣除自第一千一百五十七條所定之一定期限屆滿時起至到期時止之法定利息。

第1160條 繼承人非依前條規定償還債務後,不得對受遺贈人交付遺贈。

第1161條 繼承人違反第一千一百五十八條至第一千一百六十條之規定,致被繼承人之債權人受有損害者,應負賠償之責。

前項受有損害之人,對於不當受領之債權人或受遺贈人,得請求返還其不當受領之數額。

繼承人對於不當受領之債權人或受遺贈人,不得請求返還其不當受領之數額。

第1162條 被繼承人之債權人,不於第一千一百五十七條所定之一定期限內報明其債權,而又為繼承人所不知者,僅得就賸餘遺產,行使其權利。

第1162條之1 繼承人未依第一千一百五十六條、第一千一百五十六條之一開具遺產清冊陳報法院者,對於被繼承人債權人之全部債權,仍應按其數額,比例計算,以遺產分別償還。但不得害及有優先權人之利益。

前項繼承人,非依前項規定償還債務後,不得對受遺贈人交付遺贈。

繼承人對於繼承開始時未屆清償期之債權,亦應依第一項規定予以清

償。

前項未屆清償期之債權，於繼承開始時，視為已到期。其無利息者，其債權額應扣除自清償時起至到期時止之法定利息。

第1162條之2 繼承人違反第一千一百六十二條之一規定者，被繼承人之債權人得就應受清償而未受償之部分，對該繼承人行使權利。

繼承人對於前項債權人應受清償而未受償部分之清償責任，不以所得遺產為限。但繼承人為無行為能力人或限制行為能力人，不在此限。

繼承人違反第一千一百六十二條之一規定，致被繼承人之債權人受有損害者，亦應負賠償之責。

前項受有損害之人，對於不當受領之債權人或受遺贈人，得請求返還其不當受領之數額。

繼承人對於不當受領之債權人或受遺贈人，不得請求返還其不當受領之數額。

第1163條 繼承人中有下列各款情事之一者，不得主張第一千一百四十八條第二項所定之利益：

一、隱匿遺產情節重大。

二、在遺產清冊為虛偽之記載情節重大。

三、意圖詐害被繼承人之債權人之權利而為遺產之處分。

第三節　遺產之分割

第1164條 繼承人得隨時請求分割遺產。但法律另有規定或契約另有訂定者，不在此限。

第1165條 被繼承人之遺囑，定有分割遺產之方法，或託他人代定者，從其所定。

遺囑禁止遺產之分割者，其禁止之效力以十年為限。

第1166條 胎兒為繼承人時，非保留其應繼分，他繼承人不得分割遺產。

胎兒關於遺產之分割，以其母為代理人。

第1167條 （刪除）

第1168條 遺產分割後，各繼承人按其所得部分，對於他繼承人因分

割而得之遺產，負與出賣人同一之擔保責任。
第1169條　遺產分割後，各繼承人按其所得部分，對於他繼承人因分割而得之債權，就遺產分割時債務人之支付能力，負擔保之責。
前項債權，附有停止條件或未屆清償期者，各繼承人就應清償時債務人之支付能力，負擔保之責。
第1170條　依前二條規定負擔保責任之繼承人中，有無支付能力不能償還其分擔額者，其不能償還之部分，由有請求權之繼承人與他繼承人，按其所得部分比例分擔之。但其不能償還，係由有請求權人之過失所致者，不得對於他繼承人請求分擔。
第1171條　遺產分割後，其未清償之被繼承人之債務，移歸一定之人承受，或劃歸各繼承人分擔，如經債權人同意者，各繼承人免除連帶責任。
繼承人之連帶責任，自遺產分割時起，如債權清償期在遺產分割後者，自清償期屆滿時起，經過五年而免除。
第1172條　繼承人中如對於被繼承人負有債務者，於遺產分割時，應按其債務數額，由該繼承人之應繼分內扣還。
第1173條　繼承人中有在繼承開始前因結婚、分居或營業，已從被繼承人受有財產之贈與者，應將該贈與價額加入繼承開始時被繼承人所有之財產中，為應繼遺產。但被繼承人於贈與時有反對之意思表示者，不在此限。
前項贈與價額，應於遺產分割時，由該繼承人之應繼分中扣除。
贈與價額，依贈與時之價值計算。

第四節　繼承之拋棄

第1174條　繼承人得拋棄其繼承權。
前項拋棄，應於知悉其得繼承之時起三個月內，以書面向法院為之。
拋棄繼承後，應以書面通知因其拋棄而應為繼承之人。但不能通知者，不在此限。
第1175條　繼承之拋棄，溯及於繼承開始時發生效力。
第1176條　第一千一百三十八條所定第一順序之繼承人中有拋棄繼承

權者，其應繼分歸屬於其他同為繼承之人。
第二順序至第四順序之繼承人中，有拋棄繼承權者，其應繼分歸屬於其他同一順序之繼承人。
與配偶同為繼承之同一順序繼承人均拋棄繼承權，而無後順序之繼承人時，其應繼分歸屬於配偶。
配偶拋棄繼承權者，其應繼分歸屬於與其同為繼承之人。
第一順序之繼承人，其親等近者均拋棄繼承權時，由次親等之直系血親卑親屬繼承。
先順序繼承人均拋棄其繼承權時，由次順序之繼承人繼承。其次順序繼承人有無不明或第四順序之繼承人均拋棄繼承權者，準用關於無人承認繼承之規定。
因他人拋棄繼承而應為繼承之人，為拋棄繼承時，應於知悉其得繼承之日起三個月內為之。

第1176條之1 拋棄繼承權者，就其所管理之遺產，於其他繼承人或遺產管理人開始管理前，應與處理自己事務為同一之注意，繼續管理之。

第五節 無人承認之繼承

第1177條 繼承開始時，繼承人之有無不明者，由親屬會議於一個月內選定遺產管理人，並將繼承開始及選定遺產管理人之事由，向法院報明。

第1178條 親屬會議依前條規定為報明後，法院應依公示催告程序，定六個月以上之期限，公告繼承人，命其於期限內承認繼承。
無親屬會議或親屬會議未於前條所定期限內選定遺產管理人者，利害關係人或檢察官，得聲請法院選任遺產管理人，並由法院依前項規定為公示催告。

第1178條之1 繼承開始時繼承人之有無不明者，在遺產管理人選定前，法院得因利害關係人或檢察官之聲請，為保存遺產之必要處置。

第1179條 遺產管理人之職務如左：
一、編製遺產清冊。

二、為保存遺產必要之處置。
三、聲請法院依公示催告程序，限定一年以上之期間，公告被繼承人之債權人及受遺贈人，命其於該期間內報明債權及為願受遺贈與否之聲明，被繼承人之債權人及受遺贈人為管理人所已知者，應分別通知之。
四、清償債權或交付遺贈物。
五、有繼承人承認繼承或遺產歸屬國庫時，為遺產之移交。
前項第一款所定之遺產清冊，管理人應於就職後三個月內編製之；第四款所定債權之清償，應先於遺贈物之交付，為清償債權或交付遺贈物之必要，管理人經親屬會議之同意，得變賣遺產。

第1180條 遺產管理人，因親屬會議，被繼承人之債權人或受遺贈人之請求，應報告或說明遺產之狀況。

第1181條 遺產管理人非於第一千一百七十九條第一項第三款所定期間屆滿後，不得對被繼承人之任何債權人或受遺贈人，償還債務或交付遺贈物。

第1182條 被繼承人之債權人或受遺贈人，不於第一千一百七十九條第一項第三款所定期間內為報明或聲明者，僅得就賸餘遺產，行使其權利。

第1183條 遺產管理人得請求報酬，其數額由法院按其與被繼承人之關係、管理事務之繁簡及其他情形，就遺產酌定之，必要時，得命聲請人先為墊付。

第1184條 第一千一百七十八條所定之期限內，有繼承人承認繼承時，遺產管理人在繼承人承認繼承前所為之職務上行為，視為繼承人之代理。

第1185條 第一千一百七十八條所定之期限屆滿，無繼承人承認繼承時，其遺產於清償債權並交付遺贈物後，如有賸餘，歸屬國庫。

第三章　遺囑
第一節　通則

第1186條 無行為能力人，不得為遺囑。

限制行為能力人，無須經法定代理人之允許，得為遺囑。但未滿十六歲者，不得為遺囑。

第1187條 遺囑人於不違反關於特留分規定之範圍內，得以遺囑自由處分遺產。

第1188條 第一千一百四十五條喪失繼承權之規定，於受遺贈人準用之。

第二節 方式

第1189條 遺囑應依左列方式之一為之：
一、自書遺囑。
二、公證遺囑。
三、密封遺囑。
四、代筆遺囑。
五、口授遺囑。

第1190條 自書遺囑者，應自書遺囑全文，記明年、月、日，並親自簽名；如有增減、塗改，應註明增減、塗改之處所及字數，另行簽名。

第1191條 公證遺囑，應指定二人以上之見證人，在公證人前口述遺囑意旨，由公證人筆記、宣讀、講解，經遺囑人認可後，記明年、月、日，由公證人、見證人及遺囑人同行簽名；遺囑人不能簽名者，由公證人將其事由記明，使按指印代之。

前項所定公證人之職務，在無公證人之地，得由法院書記官行之，僑民在中華民國領事駐在地為遺囑時，得由領事行之。

第1192條 密封遺囑，應於遺囑上簽名後，將其密封，於封縫處簽名，指定二人以上之見證人，向公證人提出，陳述其為自己之遺囑，如非本人自寫，並陳述繕寫人之姓名、住所，由公證人於封面記明該遺囑提出之年、月、日及遺囑人所為之陳述，與遺囑人及見證人同行簽名。

前條第二項之規定，於前項情形準用之。

第1193條 密封遺囑，不具備前條所定之方式，而具備第一千一百九

十條所定自書遺囑之方式者,有自書遺囑之效力。
第1194條 代筆遺囑,由遺囑人指定三人以上之見證人,由遺囑人口述遺囑意旨,使見證人中之一人筆記、宣讀、講解,經遺囑人認可後,記明年、月、日及代筆人之姓名,由見證人全體及遺囑人同行簽名,遺囑人不能簽名者,應按指印代之。
第1195條 遺囑人因生命危急或其他特殊情形,不能依其他方式為遺囑者,得依左列方式之一為口授遺囑:
一、由遺囑人指定二人以上之見證人,並口授遺囑意旨,由見證人中之一人,將該遺囑意旨,據實作成筆記,並記明年、月、日,與其他見證人同行簽名。
二、由遺囑人指定二人以上之見證人,並口授遺囑意旨、遺囑人姓名及年、月、日,由見證人全體口述遺囑之為真正及見證人姓名,全部予以錄音,將錄音帶當場密封,並記明年、月、日,由見證人全體在封縫處同行簽名。
第1196條 口授遺囑,自遺囑人能依其他方式為遺囑之時起,經過三個月而失其效力。
第1197條 口授遺囑,應由見證人中之一人或利害關係人,於為遺囑人死亡後三個月內,提經親屬會議認定其真偽,對於親屬會議之認定如有異議,得聲請法院判定之。
第1198條 下列之人,不得為遺囑見證人:
一、未成年人。
二、受監護或輔助宣告之人。
三、繼承人及其配偶或其直系血親。
四、受遺贈人及其配偶或其直系血親。
五、為公證人或代行公證職務人之同居人助理人或受僱人。

第三節　效力

第1199條 遺囑自遺囑人死亡時發生效力。
第1200條 遺囑所定遺贈,附有停止條件者,自條件成就時,發生效力。

第1201條　受遺贈人於遺囑發生效力前死亡者，其遺贈不生效力。
第1202條　遺囑人以一定之財產為遺贈，而其財產在繼承開始時，有一部分不屬於遺產者，其一部分遺贈為無效；全部不屬於遺產者，其全部遺贈為無效。但遺囑另有意思表示者，從其意思。
第1203條　遺囑人因遺贈物滅失、毀損、變造、或喪失物之占有，而對於他人取得權利時，推定以其權利為遺贈；因遺贈物與他物附合或混合而對於所附合或混合之物取得權利時亦同。
第1204條　以遺產之使用、收益為遺贈，而遺囑未定返還期限，並不能依遺贈之性質定其期限者，以受遺贈人之終身為其期限。
第1205條　遺贈附有義務者，受遺贈人以其所受利益為限，負履行之責。
第1206條　受遺贈人在遺囑人死亡後，得拋棄遺贈。
遺贈之拋棄，溯及遺囑人死亡時發生效力。
第1207條　繼承人或其他利害關係人，得定相當期限，請求受遺贈人於期限內為承認遺贈與否之表示；期限屆滿，尚無表示者，視為承認遺贈。
第1208條　遺贈無效或拋棄時，其遺贈之財產，仍屬於遺產。

第四節　執行

第1209條　遺囑人得以遺囑指定遺囑執行人，或委託他人指定之。
受前項委託者，應即指定遺囑執行人，並通知繼承人。
第1210條　未成年人、受監護或輔助宣告之人，不得為遺囑執行人。
第1211條　遺囑未指定遺囑執行人，並未委託他人指定者，得由親屬會議選定之；不能由親屬會議選定時，得由利害關係人聲請法院指定之。
第1211條之1　除遺囑人另有指定外，遺囑執行人就其職務之執行，得請求相當之報酬，其數額由繼承人與遺囑執行人協議定之；不能協議時，由法院酌定之。
第1212條　遺囑保管人知有繼承開始之事實時，應即將遺囑交付遺囑執行人，並以適當方法通知已知之繼承人；無遺囑執行人者，應通知

已知之繼承人、債權人、受遺贈人及其他利害關係人。無保管人而由繼承人發現遺囑者，亦同。

第1213條 有封緘之遺囑，非在親屬會議當場或法院公證處，不得開視。

前項遺囑開視時應製作紀錄，記明遺囑之封緘有無毀損情形，或其他特別情事，並由在場之人同行簽名。

第1214條 遺囑執行人就職後，於遺囑有關之財產，如有編製清冊之必要時，應即編製遺產清冊，交付繼承人。

第1215條 遺囑執行人有管理遺產，並為執行上必要行為之職務。

遺囑執行人因前項職務所為之行為，視為繼承人之代理。

第1216條 繼承人於遺囑執行人執行職務中，不得處分與遺囑有關之遺產，並不得妨礙其職務之執行。

第1217條 遺囑執行人有數人時，其執行職務，以過半數決之。但遺囑另有意思表示者，從其意思。

第1218條 遺囑執行人怠於執行職務，或有其他重大事由時，利害關係人，得請求親屬會議改選他人；其由法院指定者，得聲請法院另行指定。

第五節　撤回

第1219條 遺囑人得隨時依遺囑之方式，撤回遺囑之全部或一部。

第1220條 前後遺囑有相牴觸者，其牴觸之部分，前遺囑視為撤回。

第1221條 遺囑人於為遺囑後所為之行為與遺囑有相牴觸者，其牴觸部分，遺囑視為撤回。

第1222條 遺囑人故意破毀或塗銷遺囑，或在遺囑上記明廢棄之意思者，其遺囑視為撤回。

第六節　特留分

第1223條 繼承人之特留分，依左列各款之規定：

一、直系血親卑親屬之特留分，為其應繼分二分之一。

二、父母之特留分，為其應繼分二分之一。

三、配偶之特留分，為其應繼分二分之一。

四、兄弟姊妹之特留分,為其應繼分三分之一。

五、祖父母之特留分,為其應繼分三分之一。

第1224條　特留分,由依第一千一百七十三條算定之應繼財產中,除去債務額算定之。

第1225條　應得特留分之人,如因被繼承人所為之遺贈,致其應得之數不足者,得按其不足之數由遺贈財產扣減之。受遺贈人有數人時,應按其所得遺贈價額比例扣減。

《民法繼承編施行法》

中華民國20年1月24日國民政府制定公布全文11條；並自中華民國20年5月5日施行
中華民國74年6月3日總統令修正公布全文11條
中華民國97年1月2日總統令增訂公布第1之1條條文
中華民國97年5月7日總統令增訂公布第1之2條條文
中華民國98年6月10日總統令修正公布第1之1條條文；並增訂第1之3條條文
中華民國98年12月30日總統令公布修正第11條條文
中華民國101年12月26日總統令修正公布第1之3條條文
中華民國102年1月30日總統令修正公布第1之1、1之2條條文

第1條 繼承在民法繼承編施行前開始者，除本施行法有特別規定外，不適用民法繼承編之規定；其在修正前開始者，除本施行法有特別規定外，亦不適用修正後之規定。

第1條之1 繼承在民法繼承編中華民國九十六年十二月十四日修正施行前開始且未逾修正施行前為拋棄繼承之法定期間者，自修正施行之日起，適用修正後拋棄繼承之規定。

繼承在民法繼承編中華民國九十六年十二月十四日修正施行前開始，繼承人於繼承開始時為無行為能力人或限制行為能力人，未能於修正施行前之法定期間為限定或拋棄繼承，以所得遺產為限，負清償責任。但債權人證明顯失公平者，不在此限。

前項繼承人依修正施行前之規定已清償之債務，不得請求返還。

第1條之2 繼承在民法繼承編中華民國九十七年一月四日前開始，繼承人對於繼承開始後，始發生代負履行責任之保證契約債務，以所得遺產為限，負清償責任。但債權人證明顯失公平者，不在此限。

前項繼承人依中華民國九十七年四月二十二日修正施行前之規定已清償之保證契約債務，不得請求返還。

第1條之3 繼承在民法繼承編中華民國九十八年五月二十二日修正施

行前開始，繼承人未逾修正施行前為限定繼承之法定期間且未為概括繼承之表示或拋棄繼承者，自修正施行之日起，適用修正後民法第一千一百四十八條、第一千一百五十三條至第一千一百六十三條之規定。

繼承在民法繼承編中華民國九十八年五月二十二日修正施行前開始，繼承人對於繼承開始以前已發生代負履行責任之保證契約債務，以所得遺產為限，負清償責任。但債權人證明顯失公平者，不在此限。

繼承在民法繼承編中華民國九十八年五月二十二日修正施行前開始，繼承人已依民法第一千一百四十條之規定代位繼承，以所得遺產為限，負清償責任。但債權人證明顯失公平者，不在此限。

繼承在民法繼承編中華民國九十八年五月二十二日修正施行前開始，繼承人因不可歸責於己之事由或未同居共財，於繼承開始時無法知悉繼承債務之存在，致未能於修正施行前之法定期間為限定或拋棄繼承，以所得遺產為限，負清償責任。但債權人證明顯失公平者，不在此限。

前三項繼承人依修正施行前之規定已清償之債務，不得請求返還。

第2條　民法繼承編施行前，依民法繼承編之規定，消滅時效業已完成，或其時效期間尚有殘餘不足一年者，得於施行之日起，一年內行使請求權。但自其時效完成後，至民法繼承編施行時，已逾民法繼承編所定時效期間二分之一者，不在此限。

第3條　前條之規定於民法繼承編所定無時效性質之法定期間準用之。但其法定期間不滿一年者，如在施行時尚未屆滿，其期間自施行之日起算。

第4條　禁止分割遺產之遺囑，在民法繼承編修正前生效者，民法第一千一百六十五條第二項所定之期間，仍適用修正前之規定。但其殘餘期間自修正施行日起算超過十年者，縮短為十年。

第5條　民法繼承編修正前生效之口授遺囑，於修正施行時尚未屆滿一個月者，適用修正之民法第一千一百九十六條之規定，其已經過之期間，與修正後之期間合併計算。

第6條　民法繼承編,關於喪失繼承權之規定,於施行前所發生之事實,亦適用之。

第7條　民法繼承編施行前,所立之嗣子女,對於施行後開始之繼承,其繼承順序及應繼分與婚生子女同。

第8條　繼承開始在民法繼承編施行前,被繼承人無直系血親卑親屬,依當時之法律亦無其他繼承人者,自施行之日起,依民法繼承編之規定定其繼承人。

第9條　民法繼承編施行前所設置之遺產管理人,其權利義務自施行之日起,適用民法繼承編之規定。

第10條　民法繼承編關於特留分之規定,於施行前所立之遺囑,而發生效力在施行後者,亦適用之。

第11條　本施行法自民法繼承編施行之日施行。

民法繼承編修正條文及本施行法修正條文,除中華民國九十八年十二月十五日修正之民法第一千一百九十八條及第一千二百十條自九十八年十一月二十三日施行者外,自公布日施行。

參考書目

壹. 中文部分

一、書籍

1.山田美智子著、陳慧淑譯：不要留遺產給孩子，2016年5月初版1刷，城邦文化公司出版發行。

2.方燕玲會計師著：家族財富傳承，民國111年12月初版二刷，新陸書局公司出版。

3.月旦財稅實務釋評編委會著：剩餘財產差額分配請求權之應用，2024年5月，元照出版有限公司出版。

4.王人傑著：節稅規劃100問，1997年10月初版，旭屋文化，大衛營出版機構印行。

5.王明勝著：家族傳承法稅實務與案例，2024年10月，元照出版有限公司出版。

6.王泰銓著：中國法律通論（上），2009年10月，新學林出版股份有限公司。

7.王國治著：遺囑，2006年5月初版一刷，三民書局發行。

8.台北律師公會出版委員會主編：成年監護法規革新：立法背景、議題分析與修法建議，2024年9月一版一刷，社團法人台北律師公會出版。

9.台灣金融研訓院編輯委員會主編：家族信託規劃顧問師

教材，2024年9月，財團法人台灣金融研訓院發行。

10.永然聯合法律事務所著：財產繼承爭訟運籌要覽，1999年10月，永然文化出版公司出版。

11.朱國鳳、邱正弘著：錢難賺保險別亂買，2023年12月12日初版13刷，時報文化出版企業股份有限公司出版。

12.吳光陸，訴訟文書撰寫範例——非訟篇，五南圖書出版股份有限公司，2014年10月2版。

13.吳光陸：訴訟文書撰寫範例——民事編，五南圖書出版股份有限公司，2013年10月初版。

14.李永然、黃振國合著：遺贈稅節稅規劃案例解析，2004年5月，永然文化出版公司出版。

15.李永然、黃振國合著：繼承權益法律指標，2014年12月2版2刷，永然文化出版公司出版。

16.李永然等著：民事上訴第三審撰狀實務，2017年1月二版，永然文化出版股份有限公司。

17.李永然等著：房地產買賣借名繼承與贈與法律手冊，民國107年8月出版。

18.李永然等著：家族傳承規劃與遺產繼承法律手冊，民國110年10月，永然法律基金會出版。

19.李永然著：民事、家事官司與狀例，2017年1月二版，永然文化出版股份有限公司。

20.李永然著：訴訟書狀範例，2015年10月六版，五南圖書出版股份有限公司。

21.李常先、陳思民編著：遺產及贈與稅規劃暨相關法令

解析，民國91年4月第1版第1刷，李常先發行。

22.沈克儉、蔡松棋著：遺產及贈與稅金百科，民國87年10月第1版第1刷，實用稅務出版社發行。

23.林秀雄著：繼承法講義，2006年5月初版第2刷，自刊本。

24.林宜君著：繼承贈與法律權益Q&A，2008年5月三版，永然文化出版公司出版。

25.林旺根著：房地產稅法有機書──不動產遺贈稅、夫妻財產稅務篇，1999年2月，永然文化出版公司出版。

26.林隆昌著：常用稅法與你，2004年6月四版，永然文化出版公司出版。

27.林嘉焜著：高所得人士稅務規劃錦囊，2010年7月增修訂二版，財團法人金融研訓院發行。

28.封昌宏著：保險課稅實務，2024年7月二版第5刷，元照出版有限公司出版。

29.施慧玲等著：繼承法制之研究，2016年9月初版第2刷，元照出版有限公司出版。

30.胡碩匀著：節稅的布局，2024年4月4版，任性出版有限公司出版。

31.胡碩匀著：遺產與贈與的節稅細節，2023年4月初版，任性出版有限公司出版。

32.財政部稅制委員會編印：遺產及贈與稅法令彙編，民國86年9月初版，財政部稅制委員會出版。

33.莊昆明著：兩代財產移轉輕稅化──信託應用要訣

篇，民國91年3月10日，龍鳳凰國際開發股份有限公司出版發行。

34.許士宦著：家事審判與債務執行，2013年12月一版第1刷，新學林初版股份有限公司。

35.許作名口述撰著：台灣資本1949～台商學，2024年3月出版，天立股份有限公司出版。

36.許高山著：信託DIY，民國89年11月初版，永然文化出版股份有限公司出版。

37.許高山著：信託DIY——信託契約及信託遺囑範例解析，2004年5月，永然文化出版公司出版。

38.許高山著：遺囑訂立DIY——遺囑範例與遺產規劃，1999年11月，永然文化出版公司出版。

39.郭欽銘著：家事事件法逐條解析，2013年7月初版第1刷，元照出版有限公司出版。

40.陳禾原、詹祐維著：財富傳承——保單開發攻略（傳承工具全面剖析），2023年12月一版一刷，FUN學創意生活廣場出版。

41.陳志雄等編著：訴之聲明及其相關法律問題之實務案例介紹，2018年9月二版一刷，新學林公司出版。

42.陳信賢、楊華妃著：寫給金融業高資產客戶經理的第二本稅務書，2016年9月第1版第1刷，安侯企業管理股份有限公司出版。

43.陳猷龍教授六秩華誕祝壽論文集編輯委員會出版：法學的實踐與創新（上冊），民國102年7月31日初版一刷。

44.陳福雄著：信託原理，2003年3月初版，華泰文化事業股份有限公司發行。

45.閒人編著：共有土地分割與繼承實務論述，2004年7月初版，復文書局出版。

46.黃振國著：財產移轉理財節稅規劃，民國112年2月22日，永然文化出版公司發行。

47.黃振國著：透視不產傳承繼承及遺囑權益實務，114年2月初版，永然法律研究中心出版。

48.黃振國著：最新遺產、贈與稅節稅規劃，2004年11月，永然文化出版公司出版。

49.黃振國著：遺贈稅・財產移轉圓滿計畫，2017年8月八版，永然文化出版公司出版。

50.黃偉政編：共有法令解析與分割分管應用實務（上），民國108年9月30日，永然文化公司發行。

51.黃斐旻主編：借名登記、信託與家族傳承規劃法律手冊，民國112年10月，永然法律基金會出版。

52.黃斐旻律師主編：傳富子孫，不留糾紛——家族傳承、遺產繼承與家事事件法律手冊，民國113年5月永然法律基金會出版。

53.楊崇森著：信託與投資，民國82年3月台初版第6次印行，正中書局發行。

54.詹森林著：民事法理與判決研究　，2003年4月初版第1刷，自刊本。

55.劉炳烽著：共有土地分割實務，2019年10月一版一刷

，新學林出版股份有限公司出版。

56.潘秀菊、李智仁著：反向抵押貸款制度之理論與實務，2010年6月初版第1刷，元照出版有限公司出版。

57.蔡仟松編著：遺囑寫作，2002年2月初版一刷，書泉出版社出版。

58.蔡瑞明主編：建構優質的長青生活與環境，2015年11月初版一刷，巨流圖書公司出版。

59.蕭善言、封昌宏共同彙編：信託法及信託稅法最新法令彙編，2016年2月初版，財團法人台灣金融研訓院發行。

60.賴玉梅、黃仕翰：家事訴訟實戰，2010年5月初版1刷，五南圖書出版股份有限公司。

61.戴東雄著：繼承，2006年5月初版一刷，三民書局發行。

62.戴炎輝、戴車雄、戴瑀如合著：繼承法，2010年2月修訂版，自刊本。

63.謝青樺、李秋藝、林翰飛合著《不擔憂的後半生》一書，頁109，2024年12月4刷，如何出版社出版。

64.魏妁瑩等著：管好身後事有法寶，2016年4月初版第一刷，建智知識管理股份有限公司出版。

65.魏靜芳等人著：遺產分割與紛爭處理，1999年2月初版1刷，書泉出版社發行。

66.羅友三著：友三的節稅錦囊，民國93年2月初版，信實稅務顧問股份有限公司出版。

64.羅友三著：百年信託，2011年6月出版，自刊本。

68.羅美棋著：不要一輩子為國稅局打拼——遺贈稅之報稅技巧及節稅規劃，2007年10月，永然文化出版公司出版。

69.羅美棋著：遺贈稅之報稅技巧及節稅規劃，2005年11月三版，永然文化出版公司出版。

70.蘇青旗編著：遺產稅、贈與稅問題精選集，民國87年6月初版，自刊本。

71.蘇家宏等著：輕鬆寫遺囑，繼承無煩惱，2011年1月出版，宏典文化公司出版。

二、期刊

1.何志揚撰〈關於擔任遺產管理人之經驗分享〉乙文，載中律會訊雜誌第13卷第4期。

2.周聯彬撰：〈老人照護——如何提升老人的生產力〉乙文，載詹火生編：迎接高齡社會的挑戰，1998年8月初版一刷，財團法人厚生基金會出版，1998年8月初版一刷。

3.林秀雄撰：〈遺產之裁判分割〉乙文，載台灣本土法學第7期，2000年2月出刊。

4.林益倍撰：〈商業型不動產逆向抵押貸款之法律實務初探〉乙文，載財金論文叢刊第26期，2017年6月出刊。

5.林顯宗撰：〈家庭變遷與台灣老人機構安養〉乙文，載2004年兩岸四地社會福利學術研討會論文集（人口老化與老年社會福利），2004年7月12日～16日。

6.洪連盛、鄭策允撰：〈透過家族憲法防範家族爭端於未然〉乙文，載家族治理評論第25期，2022年7月出刊。

7.郭士華、汪欣寧撰：〈從東西方實際案例看家族辦公室在傳承中的角色〉乙文，載家族治理評論第25期，2022年7月出刊。

8.陳妙如撰：〈新加坡家族辦公室政策優惠與推動實效〉乙文，載家族治理評論第24期，2022年2月出刊。

9.曾品傑撰：〈論以房養老契約——以我國不動產逆向抵押貸款制度為中心〉乙文，載月旦法學第230期，2014年7月出刊。

貳.日文部分

1.願いを想いをかたちにする遺言の書き方・相続のしかた安心・納得の遺言書作成レシピ，平成22年2月4日2版發行，日本加除出版。

2.第一東京辯護士會司法研究委員會編：遺言執行の法律と實務，頁10〜12，平成2年4月25日4版發行，株式會社ぎょうせい發行。

房地合一，稅稅指南

扛著「健全不動產稅制」的大旗，房地合一實價課稅2.0在萬眾矚目下上路了！但原以為可達二十億的首年稅收，卻遠遠不及這個目標。據統計，漏未申報者高達50%。不論未申報的原因為何，皆有受罰危機。《房地合一課稅申報套書》即是避免受罰的絕佳法寶。

1.合建・預售法律實務（2021/12版）

李永然、鄭惠秋 合著　　1A39-6　　400元

投入不動產開發業務，不能沒有縝密的運籌帷幄。合建，是建商撙節土地成本的重要手段，但相對的，合建往往存在許多錯綜複雜的問題，包括土地的取得方式、合建契約的性質、各種不同合建型式的稅務規劃、房地合一稅規劃實務……。推案當中，建商亦常採取「預售」以靈活資金的調度，然而預售房屋買賣的糾紛，卻又常常居高不下。站在龍頭產業激越的浪頭上，專家教您從法律、地政、稅務的角度切入，從容備戰，贏得漂亮的一擊！

2.遺贈稅・財產移轉圓滿計畫（2024/06版）　　黃振國著　1E23-8　400元

《遺產及贈與稅法》改為三級累進稅率後，相較於單一稅率之遺產稅、贈與稅之租稅規劃，累進稅率之租稅規劃需要更專業的知識。諸多修正，改寫了遺贈稅節稅暨財產移轉規劃之大布局。房地合一2.0新制啓動，如何因應？高資產者如何重新擘劃，留住畢生積蓄之最大值？就讓房地、財稅雙料達人以最精彩的圖文、經驗開啓您的智慧之門！

3.房地合一稅申報・節稅規劃一手掌握（2021/12版）

黃振國著　　3E02-3　　370元

民國110年新修訂的《所得稅法》房地交易所得部分及《房地合一課徵所得稅申報作業要點》，被稱為房地合一2.0新制。本書按個人房地交易所得稅之一般實例、自住房地優惠、重購案件、非自願因素交易、交易自建或合建房屋五類例舉填寫範例，先就各欄位說明填寫要領，再舉案例示範如何填寫實際申報書，並輔以節稅要領說明。另專篇介紹信託案件、營利事業交易兩主題。本書就是面對房地合一新制的最佳利器，申報、節稅規劃全盤掌握！

編號：3E00-3

房地合一課稅申報套書

一套三冊，原價1170元，優惠價900元

另贈《不動產估價管理系列》（共3冊，原價950元）

永然文化出版股份有限公司

欲訂購者請來電索取信用卡訂購單或填寫劃撥單至郵局劃撥1154455-0
電話：02-23560809　傳真：02-23915811

打民事官司，看這裡！

打民事官司，雖然身體不用坐牢，但心理卻好似在坐牢，真是勞心又勞力。要打民事官司，首先要釐清民法之間的關係，找出有利之處，才能一舉突破窘境，得到勝訴的機會也大為提升。《民法民事訴訟權益套書》就是您打民事官司的最佳利器！

民法民事訴訟權益套書

編號：AA004

1. 民事‧家事官司與狀例 (111年3月版) 李永然等著 1F23-2 320元

人與人之間難免發生利益衝突，不僅糾葛之事有增無減，糾紛類型更見五花八門。協商、調解、和解、仲裁……，固然是解決紛爭的有效途徑，但萬一這些方法盡皆破局，告上法院打一場民事官司，似乎也是不得不然的終極選擇。既要訟爭，則必求勝；求勝第一訣，必以熟知民事官司進行程序為要務。本書以淺顯文字暨狀例，將民事訴訟與非訟事件中之普通訴訟、簡易訴訟、小額訴訟、法院調解、督促、財產保全、強制執行、家事事件等程序和運用法則「一舉成擒」，呈現讀者面前。

2. 民事上訴第三審撰狀實務 (111年10月版) 李永然等著 2O06-2 300元

打官司不容易，上訴第三審更不容易。尤其是上訴第三審為「法律審」，同時又採「書面審理主義」，因而第三審上訴書狀的撰擬也格外重要。如何就第二審判決中找出爭點，藉以上訴第三審，就得靠真功夫了。本書即是以民事訴訟法有關上訴第三審之規定詳加說明，並摘引最高法院之相關判決、判例，以及該院對於判決有無違背法令的審查原則；同時輯錄數則真實案例，引用該等案例的上訴理由狀、最高法院判決全等，並說明撰狀要領。抓住要領，就是擁有上訴第三審的最好裝備！

3. 輕鬆學民法 (104年10月版) 楊冀華著 2B17-4 380元

民法與一般人的生活最是密不可分，受到經濟、社會環境變遷的影響，我國亦在這十幾、二十年與時俱進，作了大幅度的修正。一千二百多條的民法，究竟規範了些什麼？你的買賣、借貸、租賃、旅遊、婚姻、繼承、承攬、僱傭、代理權……，千百種問題，能不能在民法中對號入座，找到適用的法條與解答？讀法律，不必繃緊神經，這堂課，教你「輕鬆學民法」。

《民法民事訴訟權益套書》
一套三冊，原價 1000 元
優惠價 **750** 元
另贈《看懂民法及民事訴訟套書》
（一套四冊，原價 1310 元）

贈‧書‧區
看懂民法及民事訴訟套書 編號：PRE003
1. 民事官司，看圖一點通 (96年4月版) 林宜君 2U05 220元
2. 民法概要 (94年10月版) 李後加 2V08 460元
3. 民法總整理 (88年12月版) 毛國樑等 1I02 280元
4. 民事訴訟法與你 (96年2月版) 李沅樺 2B06-1 350元
一套四冊，原價1310元

永然文化出版股份有限公司　欲訂購者請來電索信用卡訂購單並傳真本公司或填寫劃撥單至郵局劃撥1154455-0　電話：02-23560809

看範本，訂契約，事半功倍！

華視報導：「高雄一名圍棋高手蕭姓男子，四年前辦婚宴迎娶陳姓女子，但同居三個月後，男方卻要女方簽下『二年內沒生育就無條件離婚』的契約，兩人因此鬧上法院！蕭男提告索賠483萬元，但最高法院認定，陳男提出的契約，違反公序良俗，所以契約無效，判蕭男敗訴定讞。」你看看，你看看，契約可不能亂亂寫，寫錯除了要打官司，還可能權益受損，那可真是裡外不是人呀！

實用契約書系列

編號：AA002-2

1. 契約書之擬定與範例 (110年9月版) 李永然著 書號：1Y05-6 450元

本書暢銷二十年，出版superscript超過數萬本。每一種契約都有其特點，其訂定時應注意的重點也不一，常造成當事人莫大的權益損失；況且有許多契約更涉及艱深的法律知識，若不由專業律師代擬，實非一般民眾能力所及。本書站在法律權益持平的觀點，收錄各式契約範例，包括：買賣契約、信託契約、租賃契約、和解契約、承攬契約、公寓大廈類契約、合作類契約、委任契約、婚姻契約、消費借貸契約等篇章，共數十種契約範例及其法律重點，供讀者在日常生活中現學現用。

2. 實用契約書大全（上） (110年4月版)

李永然、蔡仟松總策劃 書號：4H95 750元

本書共計五編，分別為：契約總論、債權債務的相關契約、物權的契約、親屬關係的相關契約、繼承的契約。民商法中各式常見契約均完整涵括在內。本書除可使讀者明白訂立契約應注意的事項並認識契約的效力外，對於已經訂立的契約，應如何爭取契約中之權利並了解應負之義務與責任，本書亦有全面性之說明，協助讀者善用法律，減少契約糾紛之發生。本文敘述方面，理論力求淺易，文字避免艱深，條分縷析力求完整，提供為數不少之具體範例。

3. 實用契約書大全（下） (110年4月版)

李永然、蔡仟松總策劃 書號：4H96 550元

契約書，是人與人往來溝通的憑信，在現代法理社會中更是時時可見、處處存在。一旦在契約書上簽名、蓋章，權利義務的關係立即發生。本書有全面的資料蒐集和完整的體例架構，幫助你在簽約之前做好完全的準備！本書共計六編，分別為：信託契約、商事的相關契約、智慧財產權的相關契約、行業與勞務的相關契約、中華人民共和國投資相關契約及公證與認證。民商法中各式常見契約均完整涵括在內。

一套三冊，原價 1750 元，優惠價 1480 元

另贈《買賣.經紀.借貸契約系列》套書（共3冊，原價770元）

永然文化出版股份有限公司 欲訂購者請來電索取信用卡訂購單並傳真本公司或填寫劃撥單至郵局劃撥1154455-0 電話：02-23560809

訂定契約的最佳幫手

生活中處處可見「契約」的痕跡，只不過有的口頭說說，有的則是以書面呈現。只要一方向另一方表示這樣那樣的意思，另一方表示同意，即成立契約，當事人間也因此產生權利義務關係。許多人因不了解契約，筆拿來就往紙上一簽，卻不知簽下的契約將會造成何種損失。或是訂個模擬兩可的契約，但發生糾紛時，才發現該訂的都沒訂到，還到上法院打官司。由此可見，訂立一份周延的契約是多麼重要了。本套書即網羅常見的商務契約，是訂定契約的最佳幫手！

商務契約訂定與糾紛解決 (2022/01版)　李永然等著　定價：320元

在現今的商業交易行為中，僅「口頭承諾」，恐乏「證據」，自有透過「書面契約」的訂立而確立彼此之間法律關係的需要，進而釐清雙方彼此的權利義務。因此，要想訂立一份合格的書面商務契約，雙方當事人必須了解相關法律規定。本書蒐錄近數十種常見商務契約，以律師的專業，「案例」、「擬約要點」、「契約範例」三階段撰寫模式，讓讀者輕鬆掌握簽約要領。並為解決商務糾紛，本書不但解析多種解決方案，同時提供多則商務契約相關狀例，做為解決商務契約所引起的糾紛。

商業交易管理的法律實務操作——從商務契約的構思與起草談起 (2019/11版)　李永然、黃隆豐著　定價：350元

本書除探討商業契約擬定的要點等總論外，並列舉較為常見且不太複雜的五類商務交易，分為「商務合作交易」、「委託經營」、「商業租賃」、「公司併購」、「建案危機處理交易」。詳述此等交易中，所衍生訂約過程，及商業律師如何解決各項爭議與提供雙方接受的議案，並將所擬定的契約，加以分析其法律性質，與法律設計的思考，最後再將所草擬的契約內容，提供參考。

旅館餐飲企業交易管理法律操作——旅館餐飲商務契約與範例 (2023/08版)　李永然、黃隆豐著　定價：420元

旅館餐飲業從籌劃、經營場所取得到開幕經營，都得有層次分明的管理能力，方能建構順暢的營運環境。而旅館餐飲的法務工作，便是業者能否順暢營運的左輔右弼了。本書乃針對旅館與餐飲業的法務作業分篇討論敘述，並依照營運順序，網羅了各式交易案例，予以介紹討論。同時，也對契約爭議提出解決之道，其中更介紹了目前討論最多的商業事件審理法。豐富的實務經驗解析與實例契約範例參考，本書將是旅館餐飲業者法律實務上的最佳幫手。

商務契約法律實用系列　編號：AA007

一套三冊，原價1090元，優惠價870元，
另贈《買賣.經紀.借貸契約系列》套書（一套三冊，原價770元）

永然文化出版股份有限公司
電話：(02) 23560209　欲訂購者請來電索取信用卡訂購單傳真本公司或至郵局劃撥1154455-0

法律防身系列 24

家族傳承與繼承權益司法實務
——遺囑訂立．遺產分割．借名登記．長照安養 (1F24-1)

作者：李永然、李廷鈞
出版：永然文化出版股份有限公司
創辦人：李永然博士
董事長：黃淑嬪地政士
主編：吳旻錚
地址：台北市中正區羅斯福路2段9號7樓
電話：(02)2391-5828
傳真機：(02)2391-5811
郵撥帳號：1154455-0
郵撥帳戶：永然文化出版股份有限公司
團體購書專線：永然文化 (02)2356-0809
初版日期：中華民國107年9月（2018/09）
再版日期：中華民國114年5月（2025/05）
法律顧問：永然聯合法律事務所（台北所・桃園所・高雄所）
電話：(02)2395-6989・(03)357-5095・(07)216-0588
地政顧問：永然地政士聯合事務所李廷鈞地政士
電話：(02)2395-6989
商標專利顧問：亞信國際專利商標事務所
電話：(02)2751-3864
製版印刷：竹陞印刷製版有限公司
門市總經銷：旭昇圖書有限公司
電話：(02)2245-1480
定價：320元
ISBN：978-957-485-522-3
永然e go網網址：http://buy.law119.com.tw

〈Printed in Taiwan〉

出版聲明：
本書內容僅提供一般之法律知識，並不作為個案之法律意見；特定、專業的建議只限於某些特定之情況下，若需進一步商討案情，請洽永然聯合法律事務所承辦。

版權聲明：
本書有著作權，未獲書面同意，任何人不得以印刷、影印、磁碟、照相、錄影、錄音之任何翻製（印）方式，翻製（印）本書之部分或全部內容，否則依法嚴究。

定價聲明：
本書定價係本出版公司之銷售價格，買受人如有轉售之情形，其售價不受本定價之限制，得自由決定。（依公平交易法第18條規定）

※本書如有缺頁、破損、裝訂錯誤，請寄回本公司更換。

國家圖書館出版品預行編目資料

家族傳承與繼承權益司法實務：遺囑訂立．遺產分割．借名登記．長照安養 / 李永然，李廷鈞合著. -- 再版. -- 臺北市：永然文化出版股份有限公司, 民114.05

面； 公分. -- （法律防身系列；24）

ISBN 978-957-485-522-3（平裝）

1.CST: 繼承 2.CST: 家族企業

584.5   114004923

想要了解法律嗎?
加入永然文化FB粉絲團或部落格就可以了!

歡迎加入永然文化 f 粉絲團
https://www.facebook.com/book.law119

永然文化部落格
http://booklaw119.pixnet.net/blog